아름다운 삶의 방식

아름다운
삶의 방식

환경을 생각하는 사람들을 위한 **불교생활백서**

대한불교조계종 환경위원회

조계종
출판사

환경을 생각하는 아름다운 삶

"사람의 목숨이 얼마 사이에 있는가."

"숨 한 번 쉬는 호흡 사이에 있습니다."

"장하다, 그대는 도(道)를 알고 있구나."

이 대화는 《사십이장경(四十二章經)》에 나오는 부처님과 제자의 문답입니다. 영원할 것처럼 생각되는 사람 목숨이 숨 한 번 들이쉬고 내쉬는 사이에 달려 있다는 것을 안다면, 곧 도를 아는 것이라는 말씀입니다. 세상 그 어떤 것도 만들어진 것은 고정된 실체가 없다는 '무상(無常)'의 가르침을 가장 소박하고도 간결하게 보여주는 경전 내용입니다. 우리는 여기서 장황한 교리 설명보다도 더욱 직접적이고 체험적이며 살아 숨 쉬는 무상을 느낄 수 있습니다.

이처럼 한 호흡에서 사람 목숨의 무상함을 안다는 것은 나의 생명이 홀로 존재할 수 없음을 아는 것이요, 너와 나의 호흡이 함께 나고 들며 생명을 이어가고 있다는 연기(緣起)의 이치를 깨닫는 것입니다. 세상을 돌고 도는 공기가 나의 일부가 된다는 사실을 아는 순간, 지금 들이마시는 숨의 소중함을 느끼게 되고 내뱉는 숨에도 정성을 기울이게 됩니다. 이 깨달음 안에서 보면, 네가 '나'이고, 우리도 '나'의 다른 모습이 되며, 세상 모든 것 또한 '나'와 하나가 됩니다. 다시 그러한 '나'는 우리 모두이기도 합니다.

너와 나가 서로 무관한 존재가 아님을 알고, 더 나아가 나와 한 몸임을 깨달아 자기 몸처럼 아끼고 사랑할 줄 아는 것을 일러 불교에서는 '동체대비(同體大悲)'라 합니다. 동체대비는 타인을 위하는 자비인 동시에 자기 자신을 소중히 하고 발전시켜

나가는 큰마음입니다. 불교적 삶의 방식은 동체대비가 되어야 비로소 완성된다 하겠습니다. 따라서 환경을 생각하고 불교의 가르침에 따르는 삶을 살아가는 사람들은 반드시 이 마음을 잃지 않아야 합니다. 그 속에는 연기에 대한 믿음과 생명에 대한 이해, 마음 깊은 곳에서 우러나는 자비 실천과 체득이 담겨 있기 때문입니다.

이 책은 '믿음〔信〕·이해〔解〕·실천〔行〕·체득〔證〕'이라는 불교 신행(信行)의 과정에 따라 구성되었습니다. 믿음의 장인 제1부에서는 환경을 바라보는 불교적 안목을 이해하고, 모두가 '연기(緣起)'로서 연결되어 있음을 깨닫게 하는 데 목적을 두었습니다. 제2부는 이해의 장으로 지구촌의 여러 환경 문제를 어떻게 인식하는 것이 올바른지에 대해 경전의 예시와 더불어 그 실마리를 제공하였습니다. 그리고 제3부 실천의 장에서는 앞서 믿

ㅇㅇㅇ
아름다운 삶의 방식

고 이해한 것들을 바탕으로 나의 삶을 비추어 보고, 우리 삶 가까이서부터 할 수 있는 작은 실천들을 낱낱이 들어보았습니다. 이렇게 한 걸음 한 걸음 우리 환경의 연기 관계를 믿고 이해하고 실천함으로써 동체대비를 삶 속에 녹인다면 '체득의 장'이 실제 우리 삶 속에서 비로소 찾아질 것이라 생각합니다.

인연 있는 모든 분들이 다 함께 아름다운 삶을 영위하길 발원합니다.

대한불교조계종 환경위원회 위원장 수암 합장

차례

part. 1
불교는 환경을 어떻게 바라보는가

part. 2
병들어 가는 우리 이웃

part. 1

불교는
환경을 어떻게
바라보는가

들숨과 날숨처럼
함께 살아가는 생명

교교한 달빛이 숨소리처럼 잦아드는 산사의 새벽. 산의 적막 사이로 들릴 듯 말 듯 스님의 목탁 소리가 들려옵니다. 석간수에 여울지는 물방울인 듯 나지막한 그 소리는 찬 새벽 공기를 따라 산천초목들을 하나하나 깨워 갑니다. 산을 여는 첫소리 도량석의 울림입니다. 도량석이란 사찰에서 새벽 예불을 하기 전에 도량을 깨끗하게 하기 위해 치르는 의식을 말합니다. 목탁을 치면서 주위를 돌거나 천수경을 소리 내어 외거나 아미타불 등을 부르기도 하지요.

옛 스님들은 중생에 대한 한없는 자비심을 가지고 도량석을 해야 한다고 늘 강조하셨습니다. 그래서 새벽 목탁을 울릴 때에는 처음부터 큰 소리를 내지 않습니다. 귀 밝은 생명들이 놀라지 않도록 들릴 듯 말 듯 작은 소리로 시작하여 차츰차츰 멀리 있는 중생들까지 들을 수 있도록 큰 소리로 목탁을 울립니다. 산속에서 살아가는 스님들은 이처럼 뭇 생명들과 공존을 생각하며 하루를 시작합니다.

불교에는 '연기(緣起)'라는 말이 있습니다. 이는 '서로 인연이 되어 생겨난다'는 뜻으로 세상 만물이 어떻게 발생하고 어떻게 존재하는지 그 모습을 일깨워주는 가르침입니다. 스님들이 생명들과 주고받는 교감과 배려는 그 누구도 홀로 이 세상을 살아갈 수 없다는 생명연기(生命緣起)의 깨달음이 바탕에 깔려 있습니다. 나의 날숨이 너의 들숨이 되고, 서로가 서로의 자리를 나누어 쓰며, 함께 어우러져 살아가기에 모든 생명체가 나와 결코 무관하지 않은 존재임을 깊이 자각하고 있는 것입니다.

공주에 가면 마곡사라는 유명한 절이 있지요. 마곡사 나한전 옆에 특이한 건물 하나가 있는데, 그곳 벽에는 아주 인상 깊은 글이 걸려 있습니다.

눈길을 걸어갈 때 어지럽게 걷지 말기를. 오늘 내가 걸어간 길이 훗날 다른 사람의 이정표가 되리니.

이 글은 본래 서산대사가 쓴 것으로 일제 강점기 때 독립운동가로서 크게 활약했던 백범 김구 선생이 아끼던 말씀입니다. 백범 선생은 한때 일본 경찰의 감시를 피해 마곡사에서 머리를 깎고 원종(圓宗)이라는 법명으로 출가 생활을 했던 적이 있습니다. 그때 백범 선생이 생활하던 건물을 복원하여 위와 같은 자경문(自警文)을 함께 걸어둔 것입니다.

아름다운 삶의 방식

본래 저 글은 세상을 이끌어 가는 선구자로서의 역할과 책임을 다짐해놓은 것이지만, 그 저변에는 생명연기의 깨달음이 밑바탕에 깔린 말씀이기도 합니다. 아무도 밟지 않은 새하얀 눈밭, 그곳을 벗어날 것만 생각한 나머지 어지러이 남겨버린 발자국에 다시 그 길을 지나는 사람이 길을 헤맬 수가 있는 것입니다. 먼저 행하여진 나의 사소한 행동이 다른 생명들에 큰 영향을 끼칠 수 있다는 가르침입니다.

———

우리가 무심코 행한 모든 일들은 한번 행해지고 나면 어떠한 방식으로든 이 세계에 영향을 줍니다. 쓰레기와 함께 버린 재활용품들은 반드시 그 누군가가 분리해야 하는 수고로움이 있고, 재활용되지 못한 것과 버려져서는 안 되는 다양한 물질들이 산과 대지, 바다에 쌓여 수많은 고통을 야기하게 됩니다. 함부로 뽑아 쓰는 휴지에 수십 년 된 아름드리나무가 뿌리 뽑히고, 아름답고자 마구 흘려보낸 샴푸는 얼마나 많은 강과 바다가 흘러야 정화될 수 있을지 알 수 없습니다.

여기에 그치지 않습니다. 우리가 세상을 향해 가한 행위의 힘들은 언젠가 다시 우리에게 영향을 끼치게 됩니다. 생명연기는 한쪽 방향으로만 흐르는 관계가 아니기 때문입니다. 양방향으로 흐르는 관계입니다. 그런데 다시 돌아올 때는 그리 단순하지 않습니다. 내가 행한 행동은 나갈 때에는 한 가지 행동이었으나 돌아올 때는 복잡다단한 양상으로 나타납니다. 다시 말해 쓰레기를 버렸기 때문에 쓰레기로 인한 고통이 있고, 종이의 낭비로 인해서 앞으로 쓸 수 있는 종이가 없어지며, 오염시켜 버린 물로 인해 깨끗한 물이 부족해진다는 단순한 논리가 아니라는 말씀입니다.

쓰레기 속에 담긴 다양한 물질들이 화학작용을 일으켜 어떻게 환경을 다시 오염시킬지 아무도 알 수 없습니다. 기하급수적으로 줄어드는 나무로 인해 지구의 대기 환경은 급속도로 악화될뿐더러 숲에 깃들어 살던 수많은 생명들의 절멸을 가져옵니다. 그로 인해 생물종 수가 줄어들어 생태계의 안정적 균형을 깨뜨리는 생물 다양성의 감소 등 이루 말할 수 없는 고통이

 계면활성제

계면활성제는 종류도 많고 사용 범위도 대단히 넓은 화학물질로 비누, 치약, 샴푸를 비롯한 생활용품부터 여러 가지 식품까지 우리 생활 곳곳에 사용되고 있다. 농약에 포함된 계면활성제가 사람을 죽이는 직접적 원인이라는 뉴스가 보도된 뒤 계면활성제에 대한 관심이 높아졌다.

아름다운 삶의 방식

> 스님들이 도량석을 울릴 때 목탁 소리를 내는 데
> 에만 집중하는 것이 아니라 산에 사는 뭇 생명들
> 의 처지를 생각하듯이, 나의 작은 행동이 어떻게
> 이 세상에 영향을 끼칠지 낱낱이 떠올려 보아야
> 합니다.

확산되기 시작합니다. 그뿐 아니라 최근에 자주 발표되는 계면활성제의 독성과, 미세플라스틱과 같은 나노 물질이 초래하게 될 영향 등에 대해서는 앞으로 계속적으로 맞닥뜨리게 될 우리의 인과응보이기도 합니다.

이러한 모든 일들은 생명연기에 대한 자각이 부족하기 때문에 생겨나는 것입니다. 생명이 연기적 관계로서 서로 이어져 있다는 사실은 깊이 사유하고 자각하지 않으면 알 수 없습니다.

사람만이 생명이고 다른 모든 것들의 생명 가치를 하찮게 여기는 이기적 사고방식으로는 자각할 수 없는 것이 생명연기입니다. 앞서 스님들이 도량석을 울릴 때 목탁 소리를 내는 데에만 집중하는 것이 아니라 산에 사는 뭇 생명들의 처지를 생각하듯이, 나의 작은 행동이 어떻게 이 세상에 영향을 끼칠지 낱낱이 떠올려 보아야 합니다.

———

　나와 환경은 생명연기의 관계에 놓여 있습니다. 생명연기란 앞서도 말했듯이 나와 나를 둘러싼 환경이 '생명'이라는 중요한 가치로 함께 엮여 있다는 것입니다. 서로가 서로에게 긍정적 영향을 주며 함께 살아가야 한다는 점에서 참다운 생명연기는 '공생(共生)'이라고 할 수 있습니다. 나와 환경의 공생 관계를 아는 것, 그것은 불교의 핵심 가르침인 연기를 깨닫는 첫 출발점이 될 것입니다.

 나노 물질

지름이 1~100nm인 입자 형태의 물질을 말하며 자연계에 널리 분포한다. 그러나 환경 문제에서 말하는 '나노 물질'이란 프린터 토너의 탄소결정체 및 자외선 차단제에 들어가는 금속산화물 등 '의도적'으로 제조된 나노 수준의 미세입자를 말한다. 양식장 그물의 부표가 부식되어 생겨나는 미세플라스틱도 의도적으로 만들어진 것은 아니지만 나노 물질의 범주에 넣는다. 물질이 나노 수준의 크기로 쪼개지면 물리 화학적 성질이 변화하는데, 장차 그 유해성이 염려되고 있다.

숲의 종교,
불교의 정토 사상

새벽 도량석이 끝나면 게송과 함께 소종(小鐘) 소리가 이어집니다. 소종 또한 작은 소리에서 점점 큰 소리로 울려 퍼지며, 좀더 강렬한 음파로 더욱 멀리까지 그 소리가 전해집니다. 사찰에서 종소리는 세상을 깨우고 제도(濟度)하는 의미가 있습니다. 제도란 미혹한 세계에서 생사만을 되풀이하는 중생을 건져내어 생사 없는 열반의 언덕에 이르게 하는 것을 말하지요. 그래서 새벽 종송의 구절들도 철저히 중생제도의 법문을 설합니다.

길게 이어지던 소종 소리가 멈추면 목어(木魚)와 운판(雲版), 법고(法鼓)가 각각 수생 생물과 조류 중생, 육지 중생들을 위해 울립니다. 뒤를 이어 이윽고 웅장한 범종(梵鐘) 소리가 그 육중한 크기만큼이나 장엄하게 온 산하대지를 진동시킵니다. 범종은 예불 시간에 치는 네 가지 소리 도구 가운데 가장 큰 규모를 지니고 있고, 그 음파도 공중을 타고 멀리까지 이릅니다. 그런 까닭에 범종은 지옥에서부터 인간계를 거쳐 천상계에 이르기까지 모든 세계를 두루 깨우고 제도하는 역할을 합니다.

불교에서는 구원과 제도의 대상이 되는 이러한 세상을 어떻게 바라보고 있을까요. 전지전능한 절대자가 있어 세상과 인간 그리고 생물들을 만든 것일까요. 아니면 신의 한 부분으로서 인간과 세상이 존재하는 것일까요. 불교가 태동하기 전 인도 사회에는 바라문교라는 사상이 있었습니다. 절대자이자 보편진리이며 신적 존재인 대아(大我) 브라흐만(brahman)과, 상대자이자 개별자인 소아(小我) 아트만(atman)이라는 개념을 두고, 그 둘의 관계성을 설명하여 우주와 생명 생성의 진리를 논하고 연구했던 철학이자 종교였지요. 부처님은 이 모두가 올바른 가르침이 아니라고 말씀하셨습니다. 이 세상이 절대자가 있어 그 능력으로 만들어진다고 말하거나, 절대자의 대아에 속한 소아로서 인간이나 생물이 존재한다면 그 모두는 그릇된 가르침이

 사물(四物)

사찰의 종각 또는 종루에 있는 종교적 악기를 '사물(四物)'이라 한다. 사물에는 목어·운판·법고·범종의 네 가지가 있다. 목어는 수생생물을 위해, 운판은 조류들을 위해, 법고는 지상에 사는 동물들을 위해, 범종은 천상계의 생명들을 위해 각각 울리는 의식용 소리 도구를 말한다.

라는 것입니다. 세상은 그렇게 신과 인간의 종속 관계로 설명될
수 있을 만큼 단순한 것이 아니기 때문입니다.

불교를 일러 숲의 종교라 부르고, 서양의 유일신 종교를 일
러 사막의 종교라 부르기도 합니다. 불교는 인도의 숲에서 탄생
했고, 서양 유일신 종교는 중동의 사막에서 탄생했다는 환경적
특성을 가지고 종교 교리의 차이점을 이해하는 관점입니다. 숲
은 인간에게 있어 서로 어우러져 살아가는 터전입니다. 인간은
모든 먹거리와 휴식처를 숲에서 얻고, 다시 숲으로 돌려주기에
숲과 인간은 공생적 관계에 놓이게 됩니다. 그러나 사막은 인간
이 반드시 극복해야 하는 대상이자 생명 유지를 위해 부단히
투쟁하는 공간입니다. 이러한 환경적 차이에 의해 자연을 바라
보는 관점에도 차이가 생겼다고 보는 것입니다.

불교에서 자연은 서로 대등한 위치에서 함께 살아가는 동반
자이지만, 서양의 유일신 종교에서 자연은 인간이 지배하고 사
용하며 개발해가는 대상으로 여겨왔습니다. 기독교의 성서인
《구약성경》 창세기에는 신의 피조물로 만들어진 인간에게 자
연을 마음껏 사용하고 누릴 수 있는 권한을 주었다고 명시되어
있습니다. 똑같은 신의 피조물인 인간과 자연 가운데 인간에게
모든 권한을 준 것입니다. 근대 서양과학의 발전은 분명 거기에
빚진 바가 큽니다. 하지만 그 결과 과학은 눈부신 발전을 이루

> 연기(緣起)의 이치로 서로 의지해 있음을 밝힌 부
> 처님의 가르침은 숲의 모습을 닮았습니다. 돌고 도
> 는 숲의 순환 관계 속에서 자신의 변화는 숲 전체
> 환경에 영향을 끼치고, 반대로 숲의 변화는 각각의
> 생명들에도 영향을 줍니다.

었지만 수많은 환경 파괴가 자행되는 것을 묵과할 수밖에는 없었습니다. 뒤늦게나마 유일신 종교의 각 분파들도 이를 반성하고 인간과 자연 모두 신의 피조물로서 존중하는 교리 개념으로서 환경 운동을 펼치고 있습니다.

연기(緣起)의 이치로 서로 의지해 있음을 밝힌 부처님의 가르침은 숲의 모습을 닮았습니다. 돌고 도는 숲의 순환 관계 속에서 자신의 변화는 숲 전체 환경에 영향을 끼치고, 반대로 숲의 변화는 각각의 생명들에도 영향을 줍니다. 이러한 관계 속에서 가장 중요한 것은 바로 자기 자신입니다. 나는 숲의 일부이면서 숲 전체이기도 하기 때문입니다.

《대반열반경(大般涅槃經)》에 이런 이야기가 나옵니다. 석가모니 부처님이 입멸에 드시려 하자 제자들이 부처님이 계시지 않는다면 누구를 의지하여 수행해야 하는지 여쭙니다. 그러자 부처님은 제자들에게 "자기를 등불로 삼고 진리를 등불로 삼아라. 자기에게 의지하고 진리에 의지하여 열심히 수행하라"고 말씀하십니다. 연기라는 법의 이치 속에서 자신의 모든 행위가 세상을 만들고 중생과 부처도 만든다는 사실을 나타내 보이십니다. 결국 세상을 창조하는 것은 절대자나 유일신의 능력이 아닌 우리들 개개인의 행위라는 것을 천명하신 것입니다.

앞서 이야기한 지옥으로부터 천상계에 이르는 세계는 크게 욕계(欲界), 색계(色界), 무색계(無色界)의 삼계(三界)로 나눕니다. 욕계는 인간을 중심으로 아래로는 지옥에까지 이르고, 위로는 욕심을 지닌 신들의 하늘 세계인 육욕천(六欲天)에 이릅니다. 욕계의 세상은 물질로 이루어진 몸과 욕심, 남녀의 구별이 있습니다. 그러나 색계는 빛으로 이루어진 미묘한 몸과 정신을 지니고 있고 무색계는 순수 정신만이 존재하는 세계입니다.

이렇게 세상이 구분되는 이유는 이미 부처님이 말씀하셨듯이 각 중생들의 행위 즉, 업(業)이 다르기 때문입니다. 업이란 반복된 행위가 만들어낸 하나의 지독한 습관이라 할 수 있는데, 그 습관에 따라 중생들이 모이고, 그렇게 모인 중생들이 자신이 좋아하는 바에 따라 세계를 형성한다고 할 수 있습니다.

자신이 좋아하는 바에 따라 세상을 형성한다는 말이 조금 이상하게 들릴지 모르겠습니다. 나는 이 세상이 그리 좋다고 생각하지 않는데도 이곳에 태어나 살고 있는 것처럼 느껴지기 때문입니다. 그러나 가만히 생각해보면 그 어떤 것도 내가 선택하지 않은 것이 없습니다. 매 순간마다 주어진 조건 속에서 자신이 좋아하는 방향으로 선택을 해오고 있기 때문입니다. 이미 주어진 조건들은 자신이 과거에 선택한 업의 흔적이며, 현재의 선택은 앞으로의 업을 만들어 나가고 있습니다.

자신의 행위 습관인 업력(業力)에 휩쓸리는 이상, 그 누구도 삼계를 벗어날 수 없습니다. 주전자 속 끓임쪽처럼 업이 무거우면 욕계의 세계에 태어나고 업이 가벼우면 색계나 무색계에 태어나면서 끊임없이 돌고 돌게 됩니다. 이렇게 돌고 돌며 나고 죽는 세상이기에 '윤회계'라고 부르는 것이지요.

부처님은 윤회계를 벗어나 해탈하신 분이라고 합니다. 그 말은 더 이상 자신의 행위 습관에 구속 받지 않는 분이라는 뜻입니다. 세상의 연기 이치를 명확히 보고 수행을 통해 업의 결과를 받을 만한 모든 것들을 떠난 것입니다. 모든 행위 습관과 업의 구속을 떠나고 나면 그때부터는 새로운 세계가 열립니다. 모든 업을 자기 자신이 마음대로 제어할 수 있을 뿐 아니라 그에 따라 윤회계를 떠난 부처님 세계인 '불국정토(佛國淨土)'가 만들어지게 됩니다. 이때 불국정토는 윤회계에 태어날, 그 어떤 업

그렇게 새롭고 긍정적인 다짐들이 많아지면 업력이
변화하고, 이 세상 또한 정토에 가까워지게 됩니다.
결국 이 세상은 나를 비롯한 한 사람 한 사람이 변
화함으로써 원력국토가 되는 것입니다.

의 속박도 없는 부처님이 중생을 향한 자비심을 뿌리로 하여
만들어낸 세계입니다.

우리가 돌아가신 분들에게 자주 쓰는 기도 문구 중에 '극락
왕생'이라는 말이 있습니다. 여기에서 극락이라는 말은 불교 경
전 중의 하나인 《무량수경(無量壽經)》에 나오는 아미타 부처님
의 불국정토를 말합니다. 이 극락세계는 지금으로부터 오랜 세
월 전에 법장스님이 세자재왕(世自在王) 부처님 앞에서 48가지
서원을 세워 이룩한 세계로서 한 사람의 수행자가 생명에 대
한 무한한 자비심을 바탕으로 깨달음을 얻어 부처님이 됨으로
써 만들어낸 세계입니다. 법장스님이 자기 욕심에 끄달려 만든
세계가 아니라 모든 중생의 행복과 깨달음을 위해 혹독히 수
행하여 만든 세계입니다. 따라서 윤회하는 업력 세계가 아니라
중생들을 깨달음에 이르도록 하는 원력 세계(願力世界)입니다.

아름다운 삶의 방식

우리가 환경을 생각할 때 꼭 기억할 중요한 시사점을 이 정토 사상에서 찾을 수 있습니다. 정토란 원력의 장(場)이므로 그동안 자기 행위 습관인 업력이 반드시 반성되어야 하는 곳입니다. 반성된 그 자리에 새로운 다짐인 원력이 들어서야 합니다. 그렇게 새롭고 긍정적인 다짐들이 많아지면 업력이 변화하고, 이 세상 또한 정토에 가까워지게 됩니다. 결국 이 세상은 나를 비롯한 한 사람 한 사람이 변화함으로써 원력국토가 되는 것입니다.

귀찮다고 그냥 버린 쓰레기나 불편하다고 함부로 쓴 갖가지 물품들, 다른 생명을 전혀 고려하지 않고 내 욕심대로 저지른 모든 것들이 자기 업력에 무릎 꿇어버린 것임을 깨달아야 합니다. 지금부터라도 그러한 습관에 휩쓸리지 않는다면 그것이 곧 환경 운동의 출발점이자 불교 수행의 완성이 될 것입니다.

인드라망을
살아가는 우리

앞에서 업은 반복된 행위가 만들어낸 하나의 지독한 습관과 같다고도 했습니다. 행위로서 업이 지니는 힘인 업력은 마치 달리는 자동차의 관성처럼 뭔가를 계속 하려고 하는 것으로 본래 그 자체로는 선하고 악한 것이 없습니다. 그것이 선인지 악인지를 판단하려면 결과가 즐거움인지 고통인지를 살펴야 합니다.

만약 그 업의 관성력이 초래하는 결과가 궁극적으로 나에게 즐거움(樂)을 주면 그것은 선(善)이라 할 수 있습니다. 그러나 끝내 고통(苦)으로 다가오면 그것은 악(惡)이라고 합니다. 이때 '궁극적'이란 말을 붙이는 것은 지금 당장 즐거움을 주어도 결국 해로운 결과를 남기는 것이 있고, 지금 당장 괴로움을 주어도 종국에는 이롭게 되는 것이 있기 때문입니다.

이를테면 복권에 당첨되어 돈을 쓰게 될 때 그 돈을 잘 활용하여 가족과 모든 사람들에게 이익을 주고 스스로도 행복할 수 있다면 복권 당첨이 선업의 원인이라 할 수 있지만, 흥청망청 노름에 탕진하고 유흥에 빠져 가족들과도 이별한다면 당첨된 것 자체가 악업의 원인이 되는 것입니다. 이처럼 복권에 당첨되어 돈을 쓰는 것에 선하다거나 악하다는 말을 붙일 수 있는 것은 궁극적 결과가 나온 다음에야 가능합니다. 불교에서 "선한 원인은 즐거운 과보를 낳고 악한 원인은 괴로운 과보를 낳는다(善因樂果 惡因苦果)"고 하는 말은 최종적으로 그 결과가 옳은지 그른지 따져보고 나온 것이라고 할 수 있습니다.

───

환경과 관련하여 근래에 실제로 선악 판단이 뒤바뀌는 사례가 있었습니다. 불과 몇 년 전에 언론에 보도가 되어 세상을 떠들썩하게 했던 가습기 살균제 사건이 그 중요한 예라고 할 수 있지요. 가습기는 건조한 날씨에 감기에 걸리기 쉬운 아이들이나 노약자들에게 없어서는 안 될 중요한 생활필수품입니다. 그러나 가습기에 물을 제공하는 수통을 청소하는 일이 쉽지 않았고 진동자를 비롯한 급수 라인에서 세균을 제거하는 것도 매우 어려웠습니다. 그러다 보니 가습기로 인해 오히려 호흡기 질환에 시달리는 사람들도 있었습니다.

그러던 중 어느 기업에서 '가습기 살균제'라는 획기적인 세정제를 개발합니다. 달리 청소용 솔을 쓸 필요도 없었습니다. 그저 정해진 분량을 재어 가습기 물통에 넣기만 하면 되었습니다. 가습기 청소가 불편했던 사람들은 열광적으로 세정제를 사용하기 시작했습니다. 그러는 사이 10여 년이 지나는 동안 수많은 피해자들이 나왔고 그중에는 목숨을 잃은 사람들도 부지기수였습니다. 기업에서는 번거로운 기기의 세균을 제거할 수있다는 장점에 집중한 나머지 약품이 가진 위험성을 간과한 것입니다. 편의를 목적으로 한 세정제가 궁극적으로 만인을 소리없이 살상한 독약이 된 셈이지요. 여기에는 분명 기업의 욕심도 작용했을 터입니다. 추후에 나타난 위험성을 알고도 묵과했다는 점이 이를 잘 보여줍니다.

———

불교 경전에 보면 '인드라망(因陀羅網)'이라는 표현이 나옵니다. 산스크리트어로는 인드라얄라(indrjala)라고 하며 인드라의 그물이라는 뜻이지요. 인드라망은 불교의 수호신인 제석천(帝釋天)이 사는 궁전을 덮고 있는 장엄한 그물을 말합니다. 끝없이 넓은 그물의 그물코마다 깨끗한 구슬이 달려 있는데 하나의 구슬에 주변의 다른 구슬들이 비치고, 수많은 구슬마다 다시 그 하나의 구슬이 비춰져 무수히 서로를 비추며 하나이기도 하고 여럿이기도 한 모습을 나타냅니다. 한편으로 끊임없이 서로 연

우리는 선한 의도의 업이 더욱 선한 결과로 나타
날 수 있도록 하고, 악한 업은 미리 알아 방비할 줄
알아야 합니다. 그러기 위해서 필요한 것은 모두가
연기 관계에 있다는 것을 알고 그 과정을 낱낱이
유추하며 살필 줄 아는 진중하고도 긴 호흡입니다.

결되어 온 세상으로 퍼지는 법의 세계를 뜻하는 말로 다양하고
복잡한 생태 구조와 물질 순환 구조로서 서로 영향을 주고받으
며 평형을 유지하고 있는 지구와 우주의 모습을 잘 표현해주기
도 합니다.

　이와 같은 연기적 세계에서는 어느 하나가 다른 여럿의 변화
를 불러오게 됩니다. 좋은 의도가 여러 요인에 의해서 나쁜 의
도로 왜곡되기도 하고, 나쁜 의도가 좋은 의도로 포장되기도
합니다. 우리는 선한 의도의 업이 더욱 선한 결과로 나타날 수
있도록 하고, 악한 업은 미리 알아 방비할 줄 알아야 합니다. 그
러기 위해서 필요한 것은 모두가 연기 관계에 있다는 것을 알고
그 과정을 낱낱이 유추하며 살필 줄 아는 진중하고도 긴 호흡
입니다. 지금 당장의 이익을 위해 먼 미래의 손해를 만들어서는

안 됩니다. 지금 당장 즐거운 결과를 가져오는 것도 궁극적으로는 고통스런 최후를 초래할 수 있다는 사실을 명심해야 합니다. 그것을 자각하는 것이 곧 부처님 지혜를 기르는 시작입니다.

미래는 현재에
뿌리를 둔 가지

어떤 사람은 업이 많아 힘들고 또 어떤 사람은 업이 적어 그나마 덜 힘들다는 말을 합니다. 그래서인지 사람들은 전생업장(前生業障)을 녹여야 한다느니, 선업을 지어야 한다느니 하는 말들도 자주 합니다. 이때 업이란 과거에 지어놓은 업장, 곧 업이 세력화된 덩어리를 뜻하는 것으로 이해할 수 있습니다.

그러나 이렇게 정의되는 '업'이라는 말에는 과거와 현재가 분리되어 있는 느낌이 듭니다. 마치 과거의 업이 따로 있고 현재의 업이 따로 있는 듯 느껴집니다. 그러나 그 둘은 본래 '하나'입니다. 과거에 지은 업이 지금에 영향을 주고 있듯이 오늘 짓고 있는 업도 과거의 업을 변화시키고 있는 것입니다. 그런 까닭에 '하나'라는 것은 한 덩어리로 뭉쳐 있다는 말이라기보다 '방향성을 지닌 힘'으로 볼 수 있지 않을까요.

다시 말해, 지금 내가 선업을 짓고 있다면 과거와 현재가 모두 선의 방향으로 옮아가고 있는 것입니다. 이는 곧 선의 가능성이 많은 미래이기도 합니다. 지금 내가 악업을 짓고 있다면 과거와 현재는 모두 악의 방향으로 가고 있는 것입니다. 이는 곧 악의 가능성이 많은 미래를 암시합니다.

예를 들어 선장이 동쪽으로 가고 있는 배를 남쪽으로 가고자 방향을 돌릴 때, 그 순간 배는 점차 남쪽을 향하기 시작합니다. 물론 관성력으로 인해 어느 정도 동쪽으로 기울기는 하겠지만 배는 결국 남쪽을 향하게 됩니다.

———

부처님의 가르침을 깊이 연구하던 시기 '설일체유부(說一切有部)'라는 부파에서는 '삼세양중인과(三世兩重因果)'라는 말로 연기를 설명했습니다. 삼세양중인과란 과거세·현재세·미래세에 걸쳐서 원인과 결과가 중첩된다는 말입니다. 다시 말해, 과거의 행위가 현재에 과보를 만들며 현재의 행위가 다시 미래의 과보를 초래한다는 것입니다. 어찌 보면 너무나도 당연한 이야기지만, 그 속을 가만히 살펴보면 매우 중요한 의미가 드러납니다.

과거 행위의 결과가 현재로 이어져 과보로서 나타납니다. 이때 사람들은 그 결과의 고통 내지는 즐거움(苦樂)을 경험합니다. 그런데 과보를 경험하는 그때는 과거 행위의 결과만 나타나는 시간이 아닙니다. 어떻게 과보를 받아들이느냐에 따라 미래

아름다운 삶의 방식

의 원인을 만들고 있는 순간이기도 합니다.

———

    환경과 관련된 문제는 그 결과가 얼마 지나지 않아 곧바로 나타나는 경우보다는 오랜 세월을 두고 소리 없이 변화해오다가 갑자기 전 지구적 문제로 대두되는 경우가 더 많습니다. 그 이유는 지구가 환경적 평형을 유지하기 위해 변화를 받아들이는 일종의 수용력을 지니고 있기 때문입니다.

    이 수용력은 서로 다른 영역에서 집단들이 복잡하고 유기적인 결과를 맺고 있기 때문에 가능한 것입니다. 그러나 그 수용

 미세플라스틱

환경을 오염시키는 5mm 이하의 작은 플라스틱 조각을 말한다. 2004년 영국의 리처드 톰슨(Richard Thompson) 박사가 해양 환경에서 미세플라스틱이 증가하고 있다는 연구 결과를 《사이언스(Science)》에 발표하면서 '마이크로플라스틱(microplastics)'이란 용어를 처음 사용했다. 플라스틱은 자연 분해가 되지 않아 생태계 오염의 원인이 되는데, 그중에서도 미세플라스틱은 식별과 분류가 어려우며 해양생물이 쉽게 삼킬 수 있어 위험한 것으로 평가된다. 해양생물의 체내에 들어간 미세플라스틱은 먹이사슬을 타고 상위 단계로 이동해 인간을 포함한 상위 포식자에도 영향을 줄 수 있다고 알려져 있다.

> 어떤 행위에 대한 결과를 받아들일 때에는 미래를
> 염두에 두지 않으면 안 됩니다. 어떻게 이 결과를
> 받아들이고 대처하느냐에 따라 미래의 과보가 결
> 정되기 때문입니다.

력이 한계에 다다르면 모든 유기적 관계가 일시에 깨지면서 서로 악영향을 주고받는 결과에 놓이게 됩니다. 미세플라스틱 등과 관련된 해양 쓰레기 문제와 이산화탄소의 증가에 따른 기후 변화 문제가 그 한 예입니다.

따라서 어떤 행위에 대한 결과를 받아들일 때에는 미래를 염두에 두지 않으면 안 됩니다. 어떻게 이 결과를 받아들이고 대처하느냐에 따라 미래의 과보가 결정되기 때문입니다. 비유하면 과거와 미래는 현재라는 뿌리에 의지해 있는 가지라고 할 수 있습니다. 즉 현재의 행위들이 뿌리가 되어 과거의 의미를 바꾸고 미래를 방향 짓는다는 말입니다.

그런 의미에서 본다면 좀 더 극단적으로 말해서 업을 짓는 것이 곧 과보를 받는 것이나 다름없다고 이야기할 수 있습니다. 과거의 업에 대해서 현재에 대처하는 모습은 업의 방향성

아름다운 삶의 방식

을 나타내는 전체 모습이기도 합니다. 우리는 현재로 인해 과거와 미래가 동시에 움직인다는 사실을 결코 망각해서는 안 될 것입니다.

환경고에 대한 자각,
친환경적 삶의 의미

●

　석가모니 부처님이 살아 계실 때 말룽캬뿟따라는 동자는 풀리지 않는 의문 때문에 견딜 수가 없었습니다. 그의 의문은 이러했습니다.

- ・ 이 세상은 시간적으로 변함없이 같은가 같지 않은가
- ・ 이 세상은 공간적으로 끝이 있는가 없는가
- ・ 진리는 하나인가 둘인가
- ・ 몸과 마음은 같은 것인가 다른 것인가

　이러한 자신의 물음들에 부처님이 대답해주지 않는다면 더 이상 출가수행을 하지 않겠노라고 다짐하고는 부처님 앞에 나아갑니다. 오늘날 우리가 보아도 참으로 흥미로운 물음이 아닐 수 없습니다. 부처님처럼 모든 일을 알고 계신 분이 있다면 누구나 한 번쯤은 물어보고 싶은 내용이기도 합니다.

　물음을 들은 부처님은 자기 생각에 얽매여 출가를 포기하려는 동자를 오히려 꾸짖으며 다음과 같은 이야기를 들려줍니다.

만일 어떤 사람이 독화살을 맞아 고통스러워하고 있을 때, 사람들이 화살을 뽑아주려 하는데도 뽑을 생각은 하지 않고 "이 화살은 누가 쏘았으며 그 사람은 어떻게 생겼을까. 어떤 일을 하고 나이는 얼마고 얼굴빛은 어떻고 어느 부족 사람이며 이름은 무엇일까. 그리고 그 활은 뽕나무로 만들었을까 물푸레로 만들었을까. 활줄은 고래 힘줄일까 코끼리 힘줄일까. 그렇지 않으면 면화나삼일까"라고 묻기만 한다면 그 사람은 어떻게 되겠느냐. 그 사람은 그 모든 것을 알기도 전에 죽고 말 것이다. 너의 물음도 그와 같아서 모든 것이 한마음에서 연기하는 것인 줄 꿰뚫어 보지 않는다면 너는 그 생각 속에서 목숨을 마치고 말 것이다.

부처님의 일대기를 보면 지극히 현실주의자라고 할 만큼 합리적으로 세상을 바라보는 모습들이 많습니다. 일체의 사변적 사고를 떠나 지금 이 자리의 문제만을 거론하여 누구나 납득할 수 있는 방향으로 문제를 풀어주시는 것입니다.

왜 그렇게 현실적이고 합리적으로 가르침을 전할 수밖에 없는지에 대해서는 코삼비 지역의 싱사파숲에서 이루어진 대화를 보면 분명히 알 수 있습니다.

부처님은 싱사파 숲의 나뭇잎을 한 움큼 따다가 자신의 손에 있는 나뭇잎과 숲의 나뭇잎 중 어느 것이 많은지 제자들에

부처님의 일대기를 보면 지극히 현실주의자라고 할
만큼 합리적으로 세상을 바라보는 모습들이 많습
니다. 일체의 사변적 사고를 떠나 지금 이 자리의
문제만을 거론하여 누구나 납득할 수 있는 방향으
로 문제를 풀어주시는 것입니다.

게 묻습니다. 당연히 제자들은 숲에 있는 나뭇잎이 더 많다고
대답합니다. 그러자 부처님은 지금까지 제자들에게 가르친 것
은 손바닥 위의 나뭇잎처럼 적고, 말하지 않은 것은 싱사파숲
의 나뭇잎만큼 많다고 말씀하십니다. 그러고는 덧붙여 "나는
해탈을 얻는 데 도움이 되지 않는 것들에 대해서는 말하지 않
는다"고 강조하십니다. 즉 부처님은 중생이 고통으로부터 해탈
할 수 있도록 하는 가르침에만 집중하고 계신 것입니다. 그 어
떤 것도 관념적 욕구만을 충족시키는 것들은 아무리 설명한다
해도 인간의 인식으로는 다 알 수가 없을 뿐 아니라 해탈에 직
접 도움이 되지 않기 때문에 전하지 않는다는 말씀입니다.

　불교 수행의 근간을 이루는 기본 입장도 이러합니다. 팔만대
장경의 모든 경전도 이 범주를 벗어나지 않습니다. 장황한 교리

적 설명 가운데에도 '고통으로부터의 해탈'이라는 논점은 결코 벗어나지 않는 것이 불교의 가르침입니다.

———

우리가 환경이라는 문제를 바라볼 때에도 이 명제를 결코 놓쳐서는 안 됩니다. 복합적으로 발생하는 환경 문제에 대하여 직접적으로 초래되는 고통과 간접적으로 발생하는 고통을 잘 살펴서 많은 사람들이 고통에서 벗어날 수 있는 방법을 모색해야 합니다. 수많은 생명의 고통에 초점을 두되 관념적 논쟁은 피해야 합니다. 어떤 것이 환경적 고통을 해결하는 데 도움이 되는지 명확히 알고서 나로부터 시작되는 행동을 실천해야 합니다.

바라나시에서 있었던 부처님의 전도선언(傳道宣言)의 일부를 보면 불교의 목적이 무엇인지, 부처님이 중생의 이익과 안락을 위해 얼마나 진력하였는지 그 큰 호흡을 느낄 수 있습니다.

비구들이여, 길을 떠나라. 많은 사람들의 이익과 안락을 위하여, 세상을 동정하여, 인간과 천신의 이익과 안락을 위하여, 길을 떠나라.

아름다운 삶의 방식

석가모니 부처님은 출가하여 성도(成道)를 이루기 전, 인도 카필라국의 싯다르타라는 이름의 왕자였습니다. 아버지는 숫도다나왕으로 왕자가 장차 나라의 후계자로서 손색없는 모습을 갖추어 훌륭한 군왕이 되기를 원했습니다. 그러나 싯다르타는 총명함과 더불어 생명에 대한 깊은 애민심이 남달랐고 특히 평소에 명상하기를 즐겼습니다. 왕위를 계승하는 데 아무런 관심이 없는 듯 보였습니다. 왕은 항상 그것이 걱정이었습니다. 그래서 왕자가 원하는 것이라면 무엇이든 다 들어주고 각별한 관심을 기울였습니다.

어느 봄날, 카필라국의 농경제(農耕祭)가 있는 날이었습니다. 한 해 농사가 원만히 이루어지고 풍년이 되길 기원하는 나라의 큰 행사였습니다. 숫도다나왕은 싯다르타 왕자를 데리고 행사에 참석합니다. 이윽고 제를 올리는 의식이 거행되고, 겨우내 굳어 있던 논을 갈기 위해 농부 한 사람이 나와 소에게 쟁기를 걸었습니다. 농부의 쟁기질로 흙덩이가 부서지기 시작하자 땅속에서 온갖 생명들이 놀라서 뛰쳐나왔습니다. 싯다르타는 그 광경을 유심히 지켜봅니다. 흙 속에 숨어 있던 벌레가 땅 위로 솟아오르기 무섭게 개구리가 벌레를 잡아먹고, 벌레를 잡아먹은 개구리를 다시 뱀이 삼켜버리며, 그 뱀을 다시 독수리가 낚아채 가버렸습니다.

싯다르타는 충격을 받습니다. 모든 생명이 각자의 행복을 바라며 태어난 존재임에도 작고 힘없는 존재는 그보다 더 힘 있고 큰 존재의 행복을 위해 자신의 행복을 내주어야 했습니다. 그리고 자신의 행복을 위해 자기보다 약한 이들의 행복을 삼켜야 했던 것입니다. 조용히 잠부 나무(閻浮樹)로 가서 그 아래에 앉은 싯다르타는 세상의 고통을 명확히 바라보기 시작합니다. 모든 생명이 자신의 행복을 위해 태어난 것인데 어째서 저러한 고통이 있는 것인가. 인간 또한 약육강식의 고통 속에 살고 있는 저들과 무엇이 다른가. 이 세상에 태어난 모든 존재에게 고통은 필연이구나. 고통으로부터 떠나고 싶다. 무엇이 이토록 생명을 고통에 몰아넣는가. 이처럼 싯다르타는 연기의 이치를 조금씩 깨닫게 됩니다. 세상 모든 고통의 인연 관계를 확연히 볼 수 있는 안목이 생긴 것입니다.

부처님이 철저히 '고통'에 집중한 까닭은 이때의 체험과도 무관하지 않으리라 여겨집니다. 고통에 대해 말씀하시며 제자들에게 농경제의 체험을 들려주신 것만 보아도 그렇습니다. 또한 부처님이 깨달음을 이룬 후 녹야원에서 다섯 수행자들에게 최초로 설한 가르침이 '고(苦), 집(集), 멸(滅), 도(道)'의 사성제(四聖諦)였고, 사성제의 첫 번째는 생로병사의 고통에 대한 명확한 자각이었습니다. 불교에서 '이것이 고통이다'라는 분명한 자각은 모든 문제 해결의 기초입니다. 고통에 대한 자각 없이는 그 것으로부터 떠나야겠다는 생각이나, 반드시 해결하겠다는 결 단이 생기지 않기 때문입니다.

———

최근 우리나라에도 마스크를 쓰는 사람이 늘어나고 있습니 다. 불과 몇 년 전만 해도 공기가 좋지 않다고 마스크를 쓰는 사람은 손에 꼽을 만큼 적었습니다. 거기에는 마스크가 주는 부정적 이미지도 한몫했습니다. 그러나 초미세먼지에 대한 경 각심을 일깨워주는 미디어의 힘과 더불어 일상생활 속에서 실 감하는 고통으로 인해 사람들이 마스크를 쓰기 시작했습니다. 마스크를 쓰기 시작했다는 것은 대기오염이 주는 고통을 명확 히 알게 되었다는 말입니다. 그 이후 공기청정기 시장이 넓어지 고, 하이브리드 자동차를 비롯하여 차세대 전기자동차들이 속 속 등장하고 있습니다. 정부에서도 2030년까지 디젤엔진을 쓰 는 자동차를 줄여 나가겠다는 방침을 세우고 있습니다. 이처럼 환경 문제에서 그러한 것들이 나와 우리를 모두 고통스럽게 한 다는 명확한 인식과 자각은 문제 해결의 출발점이자 완성이라 할 수 있습니다.

'환경고(環境苦)의 명확한 인식과 자각'은 내가 현재
경험하는 고통뿐 아니라 다른 지역이나 국가의 사
람들이 경험하는 고통, 그리고 앞으로 충분히 발생
가능하고 염려되는 것들에 이르기까지 폭넓게 이
루어져야 합니다.

그러나 한 발 더 나아가 조금 더 폭넓고 적극적인 대처를 위
한 자각이 필요합니다. 오늘날 환경 문제는 날이 갈수록 다종
다양하게 일어나고 있습니다. 환경 문제가 발생하는 범위도 내
가정의 문제에서부터 국가, 세계에 이르기까지 점차 그 범위가
넓어지고 있습니다. 이처럼 예측할 수 없는 많은 문제들과 걷잡
을 수 없이 넓은 범위의 환경 문제를 우리가 체감할 때쯤이면,
손쓸 수 없는 상태에 놓인 경우가 많습니다. 체감한 뒤 문제에
대처하기 시작하면 시기적으로 이미 늦습니다.

'환경고(環境苦)의 명확한 인식과 자각'은 내가 현재 경험하는
고통뿐 아니라 다른 지역이나 국가의 사람들이 경험하는 고통,
그리고 앞으로 충분히 발생 가능하고 염려되는 것들에 이르기
까지 폭넓게 이루어져야 합니다. 부처님은 만 중생들의 고통을

아름다운 삶의 방식

철저히 공감하고 연기의 이치로서 깨달음에 나아가 중생제도의 원력을 펼치셨습니다. 우리도 또한 내가 경험하는 환경고는 물론 지구촌을 함께 살아가는 모든 생명들이 겪고 있을 고통에도 깊은 관심을 기울여야 합니다.

경험하지 않은 환경적 고통에 대해 충분히 공감하고 반드시 해결해야겠다는 다짐을 세우는 것은 과거에 부처님이 세우신 원력과 다름이 없습니다. 이 시대에 석가모니 부처님과 같은 분이 다시 오신다 해도 분명히 환경 문제의 고통을 명확히 직시하고 그 해결책을 알려주기 위해 노력하실 것입니다. 환경 문제는 오늘날을 살아가는 중생들이 직면한 가장 큰 고통이기 때문입니다.

part. 2

병들어 가는

우리 이웃

서로 의지하여
존재하는 세간

환경이란 '특정한 주체를 둘러싸고 있는 것'을 말하며, 특정한 주체를 인간뿐만 아니라 다양한 생명체로 볼 때 우리는 생태계라 말합니다. 불교에서는 인간만을 주체로 보지 않고 모든 생명체를 인정하며, 모든 존재들은 각자 자기를 둘러싼 것들에 영향을 받으며 살아간다고 합니다. 나아가 생명체와 이들이 살아가는 공간까지를 포함해 세간(世間)이라 합니다.

세간이란 일정한 실체가 없이 각자 상황과 여건에 따라 서로 맞추어 변해가는 걸 말합니다. 불교에서는 이 세간을 개인을 중심으로 하는 좁은 의미의 생활환경, 고통을 느끼는 모든 생명체를 중심으로 하는 넓은 의미의 생활환경, 그리고 인간을 비롯한 모든 생명체들이 살아가는 자연환경으로 구분합니다. 곧 세간이란 인간을 비롯하여 눈에 보이지 않는 모든 생명체와 이들이 살아가는 자연환경을 말합니다. 다시 세간을 정신과 물질로 나눌 수 있으며, 불교에서는 물질을 땅(地)·물(水)·불(火)·바람(風)의 네 요소로 이루어져 있다고 말합니다.

이들 네 요소는 서로 의존하여 존재하기에 경전에서는 "어느

한 요소가 흔들리면 다른 요소가 자취도 없이 사라지기도 한
다"고 합니다.

———

　모든 존재들은 서로 영향을 주고받으며 존재한다는 연기법
을 잊고서 인간은 오직 탐욕을 채우기 위해 우리를 둘러싼 환
경을 파괴하고 있습니다. 우리 생존을 위협하는 환경 파괴의
현실을 땅·물·불·바람 그리고 뭇 생명들로 나누어 살펴보고
자 합니다.

1

땅

땅은 모든 존재의 근원이 되며 견고하여 지탱하는 작용을 합니다. 그러므로 예로부터 땅을 어머니라고 했습니다. 땅은 세상의 중심에서 물이나 불을 받아내며 모든 존재를 보호하고 길러냅니다. 부처님은 "밖으로부터 물의 요소가 흔들리면 외적인 땅의 요소가 자취도 없이 사라져버리기도 한다"고 했습니다.(《맛지마 니까야》〈코끼리 발자국 비유의 긴 경〉 M28) 물이 불어나면 땅이 잠겨 사라지고 물이 부족하면 땅은 생명을 잃게 됩니다. 물의 요소뿐 아니라 불의 요소나 바람의 요소에 의해서도 땅의 요소가 사라지는 겁니다.

쓰레기는
정말 쓰레기일까

●

　쓰레기란 쓸모없게 되어 버려야 할 것들을 일컫는 말입니다. 배고픈 시절 우리는 버릴 게 없었습니다. "음식을 버리면 벌 받는다"는 소릴 들으며 밥그릇에 쌀 한 톨이라도 남겨선 안 되고 밥상에 떨어진 음식을 주워 먹어야 했습니다. 모든 게 부족한 시절 떨어진 양말은 천을 덧대고 기워서 신었고 형과 언니의 옷을 물려받아 입었습니다. 참고서도 헌 책을 사용했고 다 읽은 신문지 한 장도 소중히 여겼습니다. 곡식 낟알, 종이 한 장, 천 한 조각도 허투루 사용하지 않았습니다.

　언젠가부터 우리 삶은 모자라는 삶에서 넘쳐나는 삶으로 바뀌었습니다. 먹다 남은 음식이 냉장고에 쌓이고 입을 옷이 넘쳐나 아무리 큰 옷장을 사도 빈 공간이 없습니다. 식구는 줄어드는데도 냉장고는 더 커야 하고 집도 더 넓어야 합니다.

　식구가 줄고 함께 밥 먹는 일이 적어지자 집에서 밥을 해 먹는 경우도 드뭅니다. 대신 배고프면 전화 한 통으로 음식을 주문해 먹습니다. 필요한 만큼 식성에 맞는 음식을 요리해 먹는 게 아니라 배달되어진 양과 맛에 맞춰 먹어야 하므로 과식하거나 음식물이 남는 건 당연합니다. 그러니 음식물 쓰레기도 많이 생기는 겁니다. 환경부에 따르면 우리나라 음식물 쓰레기 배출량은 연간 약 500만 톤으로 버려지는 음식 쓰레기를 처리하는 비용이 해마다 증가해 2018년 약 1조 원에 이를 것으로 예상하고 있습니다. 넘쳐나는 음식 쓰레기를 보면서 어른들은 "요새 젊은 것들은" 하는 볼멘소리를 합니다. 배곯던 옛날이 생각나기 때문입니다.

넘쳐나는 쓰레기는 음식물만이 아닙니다. 우리가 하루에 사용하는 종이컵과 페트병과 알루미늄 캔은 몇 개나 되는지 세어 보셨는지요? 정수기나 커피 자판기에서 종이컵을 사용하고 생수를 사서 마시고 캔 음료를 마시는 게 일상화된 지 오랩니다. 예전에는 음식을 배달시켜 먹고 나면 빈 그릇을 찾으러 왔지만 지금은 일회용 식기를 사용하여 아예 빈 그릇을 회수하지 않습니다.

이젠 많은 사람들이 시장이나 매장에 가지 않고 TV 홈쇼핑이나 인터넷 쇼핑에서 물건을 구입합니다. 직접 보고 듣고 냄새 맡고 맛보고 만져보며 시간을 가지고 꼼꼼히 살피면 꼭 필요한 물건인지 아닌지 다시 한 번 생각할 수 있습니다. 그러나 온라인 구매를 하게 되면 당장 필요한 물건이 아닌데도 충동구매를 하고, 물건을 직접 받고 보면 마음에 들지 않아 한두 번 쓰다만

아름다운 삶의 방식

우리는 쓰레기가 처음부터 쓰레기가 아니라는 사실을 잊고 있습니다. 먹고 입을 때는 쓰레기가 아닙니다. 남으니 쓰레기가 되는 겁니다.

게 많습니다. 집 안을 둘러보면 주문하여 사용하지 않는 물건이 한두 개가 아닐 겁니다.

여러분 집에는 하루에 몇 차례 택배 물건이 배달되는지요? 인터넷 쇼핑몰에서, 홈쇼핑에서 전화 한 통으로 주문한 물건들이 쉴 새 없이 들어오고 있지는 않은지요? 내용물이 파손되지 않도록 둘둘 말은 완충재와 덕지덕지 붙인 테이프가 내용물보다 많은 경우도 있습니다. 이래저래 불편하다, 귀찮다는 이유로 1회용 쓰레기는 늘어만 갑니다. 주변을 둘러보면 결국에는 쓰레기가 될 것들로 가득 차 있습니다.

그런데 우리는 쓰레기가 처음부터 쓰레기가 아니라는 사실을 잊고 있습니다. 먹고 입을 때는 쓰레기가 아닙니다. 남으니 쓰레기가 되는 겁니다. 그러니 필요한 만큼만 사용하고 다시 사용하면 쓰레기는 없는 겁니다. 재활용하고 재순환하면 쓰레기가 아니기 때문입니다. 캔이나 병이나 플라스틱을 재활용한다면, 남은 음식물을 잘 발효시켜 퇴비로 사용한다면, 동물 분뇨도 잘 처리해 유기농 비료로 사용한다면, 그것은 더 이상 쓰레기가 아닙니다.

들어가면 나오는 게 있고, 즐거우면 괴로움이 있고, 편리하면 불편한 게 있기 마련입니다. 우리는 들어가고 즐겁고 편리한 것만 생각하고 나오고 괴롭고 불편한 것은 외면하기 십상입니다. 외면하고 가린다고 결과가 없어지지는 않습니다. 우리가 쓰다 버린 쓰레기는 우리에게 다시 돌아옵니다.

————

부처님은 "오랜 세월이 지나도 지은 업은 없어지지 않아 인연이 만나면 그 과보를 자신이 받게 된다"《대보적경》57권)고 했습니다. 지은 행위의 과보가 나타나지 않는 듯이 보이나 시간이 지나면 과보는 반드시 나타납니다.

우리가 아무렇게 버린 쓰레기는 이제 우리 삶에 고통으로 다가오고 있습니다. 쓰레기를 소각하면 다이옥신이라는 맹독성 물질이 발생하고, 땅에 묻은 쓰레기는 우리가 먹는 토양과 물을 오염시키고, 플라스틱은 미세한 조각으로 분해되어 음식물

아름다운 삶의 방식

을 통해 우리 몸에 쌓이고 있습니다.

쓰레기가 많다는 것은 필요 이상으로 많이 만든다는 것을 말하고, 많이 만든다는 것은 결국 지구 자원을 낭비하고 환경을 파괴하고 있다는 얘깁니다. 2018년 환경부에서는 2030년까지 플라스틱 폐기물 발생량을 50%로 감축하고 재활용률을 70%까지 높이는 종합 대책을 내놓았습니다. 필요한 만큼 아껴 쓰고 남는 것은 나눠 쓰고 다시 쓰고 다 쓴 것을 재활용하는 일은 건전하고 올바른 삶을 살아가는 것이고 지구 환경을 살리는 일입니다.

부처님 당시 스님들은 사람들이 버린 헌 천을 주어다 빨아서

 다이옥신

쓰레기를 불태울 때 주로 발생하는데, 이 때문에 대부분의 국가에서는 소각 시설에서 배출되는 다이옥신 양을 줄이기 위해 여러 가지 노력을 기울이고 있다. 97%가 넘는 대부분의 다이옥신은 쇠고기나 돼지고기, 닭고기, 우유 등 음식에 든 지방으로 흡수하게 된다. 호흡기를 통해 흡수하는 경우는 담배 연기가 가장 일반적이다. 1949년 미국에서 염소살균제 공장 폭발 사고가 일어나 당시 일하던 노동자들에게 피부질환이 나타나면서 다이옥신의 유독성이 알려지기 시작했다. 미국의 제초제 공장에서 생산한 고엽제가 베트남전에도 사용되었는데, 베트남전 참전 군인들은 전 세계적으로 현재까지 고엽제 후유증에 시달리고 있다. 1999년 벨기에에서는 동물 사료에서 다이옥신이 검출되면서 700만 마리의 닭과 6만 마리의 돼지를 도살했다.

가사를 만들었으며, 가사가 해지면 걸레로 만들어 사용하고, 걸레가 해지면 잘게 찢어 흙과 섞어 벽을 바르는 데 사용했습니다. "산은 산이요, 물은 물이다"는 법어로 유명한 성철스님은 평생 청빈하게 생활하며 소금기 없는 음식을 먹고 작은 암자에서 사셨습니다. 성철스님이 평생을 걸치셨던 외투는 해진 곳을 덧대고 덧댄 누더기였지만 비단 옷보다 더 아름답고 값진 옷이었습니다.

아름다운 삶의 방식

땅의 생기를 빼앗는
화학비료

갖은 설움 가운데 가장 큰 게 배고픔이라고 하는 어른들의 소리를 들었습니다. 옷은 기워 입으면 되고 잠은 짚단 속에 들어가 잘 수 있지만 배고픈 것은 뭐라도 먹지 않으면 안 되기 때문이랍니다. 우리나라 국민들이 허기진 배를 채울 수 있게 된 것은 1970년대 다수확 품종인 통일벼를 보급하고 화학비료를 전국에 공급하면서부터입니다.

화학비료란 화학물질을 이용해 인위적으로 만든 비료 곧 인조 비료를 말합니다. 식물이 잘 자라기 위해선 뿌리를 통해 질소·인·칼륨 등의 영양분을 흡수해야만 합니다. 이들은 식물을 성장시키고 열매를 맺게 하고 줄기나 꼭지를 튼튼히 자라게 하는 성분들입니다. 사람들은 질소와 인이 부족해 식물이 성장하지 못한다는 것을 알게 되자 공장에서 화학비료를 만들어 사용하기 시작했습니다.

화학비료는 식물이 자라는 영양분을 직접 제공하여 생산량을 늘리는 데 공헌했습니다. 70억에 이르는 세계 인구가 필요로 하는 식량을 생산하기 위해서는 화학비료를 사용할 수밖에 없다는 주장이 설득력을 갖는 이유이기도 합니다. 화학비료가 부족한 아프리카는 경지 면적당 식량 생산량이 적어 많은 아프리카 사람들이 여전히 굶주림에 허덕이고 있습니다. 식량이 부족한 북한에서 요청하는 원조 목록에 화학비료가 들어가 있는 것도 바로 이 때문입니다. 우리나라가 보릿고개를 넘을 수 있었던 게 화학비료라는 걸 부인할 수는 없습니다.

화학비료는 식물을 성장시키는 영양분을 제공하지만 유기질 비료에 비할 바는 아닙니다. 화학비료로 키운 작물은 빨리 자라고 열매를 많이 맺지만 속이 꽉 차지 못해 금방 물러집니다. 유기농 배추로 김치를 담으면 물이 덜 생기고 오래도록 싱싱하게 먹을 수 있는 게 바로 이 때문입니다. 화학비료로 키운 작물은 내성이 약해 병충해에 약하니 농약을 치지 않을 수 없습니다. 화학비료는 탄소를 포함하지 않아 태워도 재가 되지 않는 무기질 비료입니다.

 보릿고개

지난가을에 수확한 양식은 바닥이 나고 보리는 미처 여물지 않은 5~6월 농가 생활에 식량 사정이 매우 어려운 고비를 말하며, 춘궁기(春窮期) 또는 맥령기(麥嶺期)라고도 한다. 최근에는 경제성장과 함께 농가 소득도 늘어나 보릿고개라는 말이 실감이 나지 않지만, 1950년대까지만 하더라도 농촌에서는 연례행사처럼 치르던 일이었다.

언제까지 화학비료에 의존할 수는 없습니다. 화학
비료를 매년 사용하면 땅이 서서히 죽어가기 때문
입니다. 땅의 품질이 떨어지고 생산량도 줄어들며
작물도 쉽게 병들게 됩니다.

유기질 비료와 무기질 비료는 우리 몸에 필요한 영양분을 섭
취하기 위해 음식을 먹는 것과 영양제를 먹는 것으로 비유할
수 있습니다. 인간이 영양제로 목숨을 유지할 수는 있으나 활
발한 신체 활동을 할 수는 없을 겁니다. 유기질 비료로 키운 작
물과 무기질 비료로 키운 작물을 비교하면 유기질 비료가 훨씬
섬유질이 많고 영양가가 높다는 것을 알 수 있습니다.

그럼에도 무기질 비료를 사용하는 이유는 유기질 비료인 퇴
비를 만들어 사용하는 것보다 훨씬 편리하며 비용이 적게 들
고 생산량이 두 배 이상이기 때문입니다. 그러나 언제까지 화
학비료에 의존할 수는 없습니다. 화학비료를 매년 사용하면 땅
이 서서히 죽어가기 때문입니다. 땅의 품질이 떨어지고 생산량
도 줄어들며 작물도 쉽게 병들게 됩니다. 땅은 본디 중성이지
만 화학비료로 산성화가 되고 이곳에서 생산되는 식물은 자연

히 산성 식품이 됩니다. 산성 식품을 먹는 사람의 몸도 산성화가 됩니다. 몸이 산성으로 치우치면 각종 질병에 걸리기 쉽습니다. 또한 화학비료로 토양이 산성화되면 식물에 필요한 유기물이 잘 분해되지 않고, 흙속의 미생물과 다른 생물들이 번식할 수 없습니다.

땅에 뿌려진 화학비료를 식물이 다 흡수하지는 않습니다. 토양 속에 녹아 있던 질소와 인은 지하로 흘러들어 지하수를 오염시킵니다. 호수·하천·바다에 흘러 들어가 부영양화되면 녹조 현상이나 적조 현상이 발생하여 수중 생물의 생존에 위협을 줄 수 있습니다.

———

땅은 다양한 유기물이 있어야 하고 여러 생물이 살아야 합니다. 풀과 미생물이 자라면서 스스로 거름을 만들고 땅속 생명체가 살아 있어야 땅도 살아 있는 겁니다. 땅을 파서 지렁이가 나오지 않으면 그 땅은 죽은 땅이라고 말합니다. 지렁이가 있는 땅은 비옥하고 살아 있는 땅입니다. 지렁이를 지룡(地龍) 또는 토룡(土龍) 곧 땅의 용이라 부르며 토양의 건강을 지키는 파수꾼이라고 하는 것은 그 때문이지요.

부처님은 땅속에도 생명이 살고 있으며 생명을 보존해야 한다는 걸 가르쳤습니다. 우리는 땅속의 보이지 않는 생물까지 배려하는 삶을 살아야 합니다.

　지렁이는 지표의 먹이를 서식지까지 운반하는 과정을 통해 표면의 유기물은 땅속으로 가져가고, 땅속의 광물은 끌고 올라와 표면에 쏟아놓습니다. 지렁이가 파놓은 구멍은 토양을 부드럽게 하고 물이 잘 스며들도록 만들어 식물의 성장에 도움을 줍니다. 그래서 지렁이가 사는 땅은 폭신하고 부드럽습니다. 농부가 쟁기로 밭을 갈고 흙을 뒤집는 일을 지렁이가 대신하는 것이지요. 지렁이는 살아 있는 동안엔 배설물로, 죽은 뒤엔 부식된 유해로 거름 성분을 만들어 토양을 비옥하게 만듭니다. 땅속의 생명체들이 살아야 여러 가지 영양분이 풍부한 식물이 자라고 그걸 먹는 동물과 인간도 건강할 수 있습니다.
　불교에서 출가자들이 지켜야 하는 계율에 "비구가 손수 땅을 파거나 남을 시켜 파면 참회해야 한다"《사분율》굴지계)는 내용이 있습니다. 강당을 수리하기 위해 땅을 판 여섯 비구에게

○ ● ○

　　　　　　　　　　　　아름다운 삶의 방식

부처님은 "어찌하여 사문은 부끄러움도 모르고 손수 땅을 파서 남의 목숨을 끊는가" 하시면서 꾸짖습니다. 땅속에도 생명이 살고 있으며 생명을 보존해야 한다는 것을 가르치신 것이지요. 우리는 땅속의 보이지 않는 생물까지 배려하는 삶을 살아야 합니다.

먹을 게 모자라서 배곯던 시절은 지났습니다. 너무 많이 먹어서 배탈이 나고 비만을 걱정하는 시절입니다. 화학비료로 키운 영양가 낮은 음식을 많이 먹어 배가 나오기보다는 유기농으로 키운 영양가 높은 음식을 적당히 먹어 건강한 몸을 유지하도록 해야 합니다. 땅이 건강해야 우리도 건강합니다.

모든 생명을 죽이는
살충제

맑은 공기와 깨끗한 물을 마시며 살고 싶다고 시골에 전원주택을 지은 분이 얼마 살지 못하고 집을 팔았다고 합니다. 과수원에서 쉴 새 없이 뿜어대는 농약 때문에 도저히 살 수 없었다고 합니다. 자동차로 달리며 빨갛게 잘 익은 과일이 주렁주렁 매달린 아름다운 농장을 바라보기만 했지 실제 살아보지 않았기에 농촌 실정을 까맣게 몰랐던 겁니다. 농사를 짓는 사람들은 이구동성으로 "농약을 치지 않으면 농사를 지을 수 없다"고 합니다. 농약을 치지 않으면 벌레가 들끓고 과실이 떨어지고 수확량이 적다고 합니다.

　농약이란 농산물과 가축·임산물 등을 해치는 병균과 해충을 없애거나 동식물을 보호하는 데 쓰이는 약을 말합니다. 농약에는 살충제·살균제·제초제·생장조정제 따위가 있습니다만 살충제가 대표적입니다. 대규모 농장을 일구어 단일 농작물을 심으니 천적이 사라져 해충이 많아지고, 화학비료를 뿌리자 식물의 면역력이 떨어져 병충해에 약해지므로 살충제를 뿌리지 않을 수 없는 게 현실입니다. 화학비료와 농약으로 흙 속 미

농약은 사람에게도 동물에게도 해롭고 생태계를
파괴하는 걸 알면서도 어쩔 도리 없이 사용할 수밖
에 없는 필요악이라고 말합니다. 정말 그럴까요?

생물이 자랄 수 없고 유기물이 분해되지 않아 식물이 건강하게
자랄 수 없습니다. 식물이 농약 성분을 함유하고 그걸 먹는 사
람과 동물은 2차 농약 피해를 입습니다. 이처럼 농약은 사람에
게도 동물에게도 해롭고 생태계를 파괴하는 걸 알면서도 어쩔
도리 없이 사용할 수밖에 없는 필요악이라고 말합니다. 정말 그
럴까요?

　농약은 과수원뿐 아니라 논과 밭에서도 널리 사용하고 있습
니다. 한여름 벼에 뿌려대는 농약 냄새에 머리가 아파 시내로
피신했던 기억이 있습니다. 밭에도 콩이나 깨나 고구마 등을 심
기 전 제초제를 뿌립니다. 밭에 난 풀들을 일일이 손으로 제거
할 수 없기 때문입니다. 배추가 싹 터 올라 포기를 형성하기 시
작할 때 포기 위에 하얀 가루가 뿌려져 있는 걸 본 적이 있으신
지요? 이 하얀 가루는 외국에서 발암 물질로 지정할 정도로 독

성이 강한 농약입니다. "키우는 걸 보면 먹을 게 없다"는 말처럼 차라리 모르고 먹는 게 속 편할지도 모릅니다.

그럼 과수원과 논밭이 아닌 곳은 안전할까요? 골프는 숲으로 둘러싸인 풍경 속에 시원한 공기를 마시며 푸른 잔디 위에서 즐기는 스포츠입니다. 그러나 의사들은 골프장에 뿌려진 고독성 농약에 대한 주의를 당부합니다. 미국에서는 골프장 보건 매뉴얼을 만들어 임산부에게 출입을 자제하거나 골프장을 다녀온 뒤에는 반드시 손을 닦고 아이를 만지라 알려줍니다.

골프장에 왜 맹독성 농약을 뿌릴까요? 골프장은 잔디가 깔려 있는데 이 넓은 잔디밭에서 사람이 일일이 잡초를 뽑는다는 것은 불가능하기 때문입니다. 그러니 제초제를 뿌릴 수밖에 없습니다. 잔디만 살리고 잡초를 없애는 농약은 매우 비싸고 맹독성을 가지고 있습니다.

골프장에서도 특히 그린이라고 불리는 곳의 잔디는 매우 조심스레 관리되어야 합니다. 그래서 골프장에서 지렁이는 박멸의 대상입니다. 지렁이가 있으면 지렁이를 잡아먹는 땅강아지가 생기고 지렁이와 땅강아지가 있으면 두더지가 많아집니다. 두더지가 땅 밑을 파헤치면 잔디가 내려앉기 때문에 땅속 깊이 농약이 스며들어 지렁이가 살 수 없게 만들어야 합니다.

과수원이 없고 골프장이 없는 산에도 농약은 뿌려집니다. 소나무 재선충 방재를 위해 항공기로 방재 약품을 살포하기 때문입니다. 우리나라 산과 들 전역에서 농약이 뿌려지지 않는 곳은 없다 할 수 있습니다. 특히 흔히 드론(drone)이라고 하는 무인 항공기를 이용한 방재가 이루어지면서 농약의 심각성은 더 커졌습니다. 사람이 작물 가까이 직접 농약을 뿌리던 시절보다 하늘에서 무인 항공기로 뿌리다 보니 바람에 날아가는 것을 감안해 농도도 짙고 살포하는 양도 많아질 수밖에 없기 때문입니다.

———

레이철 카슨은 《침묵의 봄(Silent Spring)》이란 책에서 해충을 없애기 위해 숲과 들에 마구 뿌린 살충제로 "봄은 왔는데 숲에는 새소리가 들리지 않고, 샛강에는 물고기가 뛰놀지 않는다"

 레이철 카슨(1907~1964)
미국의 해양생물학자로 북아메리카 해변의 자연사를 다룬 《바닷가》를 출판해 베스트셀러 작가가 되었다. 합성 살충제의 오염 문제를 다룬 《침묵의 봄》은 세계적 베스트셀러로서 살충제 사용의 위험성을 알림으로써 환경 문제의 심각성과 중요성을 일깨워 주었다.

"어떠한 생명일지라도, 움직이거나 움직이지 않거나, 길거나 짧거나, 굵거나 가늘거나, 작거나 크거나, 보이거나 보이지 않거나, 멀리 살거나 가까이 살거나, 생겨난 것이나 생겨날 것이나, 살아 있는 모든 존재들은 모두 행복해지이다"

고 탄식했습니다. 해충을 없애기 위해 만든 화학물질은 땅과 하천에 사는 동물과 식물에 스며들고 이를 먹은 우리 몸에도 남아 있습니다. 모유에서도, 태아의 조직에서도 화학물질이 발견될 정도입니다.

정말 살충제는 해충만 죽일 뿐 인간에게는 무해할까요? 몸무게가 작은 해충은 금세 죽지만 체중이 많이 나가는 인간은 서서히 죽어갈 뿐입니다. 살충제는 살생제입니다.

최초로 성립된 불교 경전이라 전하는 《숫따니빠따》는 초기 불교의 사상과 문화적·종교적 배경을 알 수 있는 매우 중요한 경전입니다. 《숫따니빠따》에는 "어떠한 생명일지라도, 움직이거나 움직이지 않거나, 길거나 짧거나, 굵거나 가늘거나, 작거나 크거나, 보이거나 보이지 않거나, 멀리 살거나 가까이 살거나,

생겨난 것이나 생겨날 것이나, 살아 있는 모든 존재들은 모두 행복해지이다"라고 했습니다. 눈에 보이지 않는 생명들뿐 아니라 태어날 모든 생명까지 자비를 베풀어야 한다는 부처님 말씀입니다.

숲, 몸과 마음을
치유하는 쉼터

●

아궁이에 불을 지펴 밥을 해 먹고 방을 데우던 시절 땔감을 구하기 위해 산 너머까지 가서 나무를 베고 낙엽을 주웠습니다. 모든 게 모자라던 배고픈 시절 생존을 위한 발버둥이었고 민둥산은 가난의 상징이었습니다. 그나마 나무가 남아 있는 곳은 국가에서 벌목을 금지하거나 사찰에서 지켜온 산들이었습니다.

통도사 주지와 방장을 지내신 경봉(鏡峰, 1892~1982)스님은 일제 강점기 시절 부족한 군수 물자를 위해 양산 통도사의 소나무를 일주문에서부터 베려 하자 "영축산 위에 소나무가 많으니 산 위의 소나무를 베라"고 했다고 합니다. 일제는 벌목을 위해 임도를 내기 시작했고 경봉스님은 "임도도 다 못 닦고 전쟁은 끝날 끼다"라고 말씀하시며 일본의 패망을 미리 점쳤다고 하지요. 오늘날 통도사 사찰 주변 울창한 소나무를 보면서 사찰 숲을 지키기 위해 노력한 옛 스님들의 지혜와 노력에 감사해야 합니다.

1950년대 영국에서는 그린벨트를 만들어 숲을 보호했습니다. 사람들이 도시로 모여 들면서 택지가 개발되자 숲들이 사라지기 시작했기 때문입니다. 우리나라는 1971년 이 제도를 들여와 도시의 무질서한 확산을 방지하고 자연환경을 보전하여 도시민의 건전한 생활환경을 확보하기 위해 또는 안보상의 필요에 따라 개발을 제한했습니다. 덕분에 도시 주변 숲은 살아남았고 시민들에게 맑은 공기와 휴식 공간을 제공하고 도시의 생명력을 지켰습니다. 그러나 택지 개발과 공공시설을 위해 개발제한구역을 해제하면서 지난 40년간 해제된 그린벨트가 여의도 면적의 345배라고 합니다.

산림은 많은 생물과 무생물들이 서로 얽혀 살아가는 터전입니다. 그러므로 산림을 벌목하면 생물들의 서식지를 파괴하여 동식물의 멸종을 가져옵니다. 산림은 우리 삶에 직접적인 영향을 주는 매우 소중한 자연환경입니다.

산림은 온도를 조절해주며 지구 기후를 조절하는 지구의 허

 그린벨트(greenbelt)

도시의 경관을 정비하고 환경을 보전하기 위해서 설정된 녹지대로 개발제한구역이라고도 한다. 이 구역 내에서는 건축물의 신축·증축, 용도 변경, 토지의 형질 변경 및 토지 분할 등의 행위를 제한한다. 그러나 건설교통부 장관, 도지사, 시장, 군수 등의 승인 또는 허가를 받아 구역 설정 목적에 위배되지 않는 한도 안에서의 개발 행위는 가능하다.

산림은 많은 생물과 무생물들이 서로 얽혀 살아가는 터전입니다. 그러므로 산림을 벌목하면 생물들의 서식지를 파괴하여 동식물의 멸종을 가져옵니다. 산림은 우리 삶에 직접적인 영향을 주는 매우 소중한 자연환경입니다.

파로서 지구 환경을 유지하는 역할을 합니다. 녹색식물이 광합성 작용을 하여 이때 이산화탄소를 흡수하고 산소를 배출하여 지구의 공기를 맑게 한다는 것은 이미 잘 아는 사실입니다. 산림은 또한 물을 저장하는 기능을 합니다. 산속에 있는 나무와 풀들은 비가 올 때 물을 흡수하여 붙잡아두었다가 서서히 풀어놓는데 이를 녹색댐이라고 부릅니다. 우리나라 숲은 1년 동안 소양강댐 10개와 맞먹는 180억 톤의 물을 저장하는 역할을 하고 있습니다.

산의 나무뿌리와 풀, 낙엽, 부러진 가지들은 흙이 흘러내리는 걸 막아주는데 산림을 벌채하여 벌거숭이산이 되면 산사태가 일어납니다. 그리고 산림을 벌채하면 토양과 모래가 바다로 흘러 들어가 물을 흐리면서 산호초의 생존에 필요한 빛을 차단해 산호초의 생존을 위협하기도 합니다.

산림의 소중함을 깨달은 선진국에서는 산림을 보호하지만 개발도상국의 산림은 건축 자재로 사용하기 위해, 나무젓가락과 종이를 만들기 위해 벌목합니다. 각종 개발과 벌채로 세계의 산림은 해마다 급속히 감소합니다. 지구의 허파라 불리는 아마존강 유역은 농경지를 만들거나 방목장을 만들기 위해 매년 심각한 수준으로 벌목됩니다. 있을 때는 소중함을 모르고 사라진 뒤에야 후회하는 어리석은 짓을 지금도 계속하고 있습니다.

마야 문명을 낳은 마야인들이 멸망한 것은 산림 파괴 때문이라고 합니다. 마야 문화의 번성으로 곳곳에 대도시가 조성되고 인구가 증가했습니다. 마야인들은 경지를 마련하기 위해서 그리고 연료와 건축용으로 사용하기 위해 나무를 마구잡이로 벌목해야 했습니다. 나무가 사라진 산은 토양 침식이 증가했고 토양의 질은 떨어지고 작물 수확은 감소했습니다. 그 결과 마야 문명은 크게 쇠락하여 멸망하게 되었다고 합니다. 벌목으로 황폐해진 토양에서는, 미생물이 떠나버리기 때문에 황폐화·사막화가 진행되며 단순히 나무를 다시 심는 것만으로는 회복이 어려울 수 있다고 합니다.

스님들이 지켜야 하는 계율에 초목을 파괴하면 속죄를 해야 한다는 내용이 있습니다. 어느 수행승이 거처를 수리하기 위해 나무를 자르고 나뭇가지를 자르게 시켰습니다. 그러자 나무에 사는 신이 "자기 거처를 만들고자 내 거처를 파괴하지 마시오" 하고 말했으나 수행승은 받아들이지 않지요. 나무에 살던 신은 부처님에게 이를 하소연했고, 사람들은 수행승이 나무를 자르거나 자르도록 한 일을 비난하며 싫어하게 되었지요. 이런 인연으로 부처님은 수행승들을 불러 모아 초목을 파괴하면 속죄해야 한다는 계율을 만드셨습니다.

부처님의 전생을 기록한 《보살본연경》에는 "산림 속은 고요하고 한가한 곳으로 부처님과 성현이 즐거워하는 바요, 탐욕과 성냄과 어리석음을 여읠 수 있다"고 했습니다. 삶에 지친 현대인들은 산을 찾아 심신을 치유합니다. 벌목은 내 몸의 한 부분을 자르는 것과 같습니다.

2

강과 바다

물은 축축이 젖게 하며 모든 것을 받아들입니다. 모든 생명체는 물이 없으면 살 수 없으니 물은 생명의 근원입니다. 물은 항상 균형을 이루며, 모두에게 평등합니다. 물이 지나치게 많으면 땅이 휩쓸려가고 물기가 사라지면 땅은 허물어집니다. 물은 기후와 지형에 따라 에너지를 다른 곳으로 이동시키는 중요한 역할을 합니다. 높은 곳에서 낮은 곳으로 흐르는 물은 토양을 이동시켜 깊은 곳을 채우고, 태양열을 저장하고 운반하여 적합한 기후를 만듭니다.

가로막힌 물길

●

　어린 시절 강에서 멱 감고 물놀이 하던 시절을 생각하면 절로 행복합니다. 계곡엔 맑은 물이 흐르고 바위를 들춰내 가재를 잡는 일은 이젠 동화 속 옛 이야기가 되었습니다. 산에 골프장이 건설되고 대형 리조트가 들어서고 고랭지 농사 등으로 농약과 오·폐수가 흘러내리는 계곡물은 예전 같지 않습니다. 오염된 계곡물이 흐르면서 다시 논밭의 화학비료와 농약, 그리고 산업 폐수와 생활 오·폐수도 강으로 흘러듭니다.

　우리나라는 강물을 정수해 산업 용수와 생활용수로 사용해야 합니다. 그리고 각종 오·폐수는 다시 강으로 흘러 들어갑니다. 강물은 상수이면서 하수인 셈입니다. 강마다 취수장이 있고 강 상류에 상수원보호구역을 지정해 하천 오염을 방지하기 위해 노력하고 있습니다.

　그러나 지방자치제가 실시되면서 강 상류에 있는 지방자치단체에서는 개발을 위해 각종 규제를 풀려고 노력하고 강 하류에 있는 지방자치단체에서는 규제 강화를 외칩니다. 낙동강은 상류에 구미 전자 단지와 대구 염색 단지가 있어 언제나 하천 오염의 위험이 도사리고 있습니다.

1991년 3월 구미 공업 단지 안에 있는 두산전자에서 페놀 30여 톤이 낙동강으로 흘러 들어갔습니다. 페놀은 정수 과정에서 클로로페놀로 변해 수돗물에서 악취가 났고 수돗물을 마신 임산부가 유산하는 사고가 일어났습니다. 이 사건은 많은 사람들에게 충격을 안겨주었고 환경의 중요성을 일깨웠습니다. 한편 수돗물에 대한 불신이 커져 정수기 판매가 급증했습니다.

2018년 6월에도 대구 수돗물에서 발암 물질인 과불화 화합물이 검출되었습니다. 구미와 대구 공단에서 배출되는 산업 폐수가 흘러드는 낙동강 물을 정수해 수돗물을 만드는 낙동강 주변의 시민들은 언제나 불안합니다. 강은 우리가 먹는 물의 공급처입니다. 독성이 녹아든 물을 정수한다고 문제없다 믿을

 과불화 화합물

대구 수돗물에서 검출된 과불화옥탄산(PFOA)은 과불화 화합물의 일종으로, 최근 미국 등에서 새롭게 주목받는 환경오염 물질이다. 오염 경로나 인체 유해성 여부는 확인되지 않았지만 학자들은 이 물질이 인체에 다량 축적되면 간암과 태아 기형을 일으킬 수 있다고 주장해 왔다. 쥐를 이용한 동물 실험에서 기형을 유발하고 간 독성을 나타내며 성적 발달을 지연시키는 것으로 확인됐다. PFOA는 음식이 눌어붙지 않는다는 테플론 프라이팬이나 종이컵 등 1회용 음식 용기의 코팅 재료로 많이 쓰이며 반도체 세척 작업에도 사용된다.

○ ● ○

아름다운 삶의 방식

사람은 거의 없습니다. 수돗물을 그대로 마시는 사람이 과연 얼마나 될까요?

우리에게 먹을 물을 제공하는 강이지만 산업공단에서 흘러 드는 폐수와 가정생활에서 발생하는 오·폐수, 축산 농장에서 흐르는 오·폐수, 논밭에 뿌려진 잔류 농약, 대기오염으로 인한 중금속을 포함한 빗물 등으로 오염되고 있습니다.

몇 해 전 해인사에서 국도를 타고 집으로 오는데 갑자기 차 안으로 불쾌한 냄새가 들어왔습니다. "무슨 냄새지?" 하고 유리를 내렸더니 하천에서 나는 냄새였습니다. 그때가 가을이었는데도 샛강에서 녹조를 확인할 수 있었습니다. 이명박 정부는 국민 대부분이 반대함에도 불구하고 4대 강에 16개 보를 설치해 물을 가두었습니다. 불교계에서도 문수스님이 자기 몸을 불살랐고 지율스님이 온몸으로 막아내고자 했습니다. 그러나 이명박 전 대통령은 불도저식으로 밀어붙여 임기 내에 22조가 넘는 돈을 쏟아 부으며 강물을 가두는 보를 완성했습니다.

강은 흐르면서 토양을 운반하는데 보가 생기는 바람에 느리게 흐르는 강은 운반력을 잃어버리고 말았습니다. 보에 자갈과 모래와 진흙이 함께 쌓이면서 썩어가고 있습니다. 깊어진 강물에 물을 정화하는 수생 식물들이 사라지자 물은 정화 기능을 잃었습니다. 강물은 '녹차 라떼'라 불릴 만큼 심한 녹조 현상이 일어나고 녹조에서는 맹독성 물질이 생겨났습니다. 그리고 큰 해삼처럼 생긴 큰빗이끼벌레가 강변뿐 아니라 강바닥에까지 널리 퍼지면서 생태계에 나쁜 영향을 주고 있습니다. 큰빗이끼 벌레는 그 자체로 독성은 없지만 집단 폐사하는 과정에서 암모니아 등 위해성 물질을 배출해 물고기를 떼죽음시키기 때문입니다.

이제 4대 강은 녹조 제거와 정수 비용 등 수질 관리 비용에 5년간 다시 21조를 쏟아 부어야 하는 썩은 강이 됐습니다. 2013년 프랑스의 유력 일간지 《르몽드》는 "4대 강은 부패, 건설 결함, 환경 문제로 생태적으로나 경제적으로 큰 실패로 기록되게 됐다"고 보도했고, 2017년 영국의 일간지 《가디언》은 4대 강 사업을 "세계 10대 자본 낭비성 사업"으로 선정했습니다.

———

법(法)이란 글자는 '물 수(水)' 자와 '갈 거(去)' 자를 합해 만든 글자입니다. 물이 흐르는 게 자연의 이치이고 진리라는 말입니다. 물을 가두면 썩는다는 것은 세상 사람 모두가 아는 일입니다. 강을 살리려면 샛강을 살려야 합니다. 샛강에 자라는 수생 식물을 보호해 자연 정화 능력을 갖추는 게 시급합니다. 물은

법(法)이란 글자는 '물 수(水)' 자와 '갈 거(去)' 자를 합해 만든 글자입니다. 물이 흐르는 게 자연의 이치이고 진리라는 말입니다.

흐르면서 돌과 부딪히고 폭포로 떨어지면서 포말을 일으킬 때 발생기산소(O)를 만들어 스스로 정화합니다. 시멘트 수로관과 콘크리트 제방을 제거하여 자연형 하천을 복원해야 합니다.

우리나라에서 가장 먼저 자연 복원을 한 하천은 서울 양재천입니다. 심각한 오염으로 동식물이 거의 살지 못했으나 최대한 자연 형태에 가깝게 만든 지금은 다양한 동식물이 살고 있습니다. 하천은 수자원을 확보하면서 홍수를 대비하고 자연환경의 보전을 위해 관리되어야 합니다. 하천은 우리가 먹을 물을 제공하는 공간일뿐더러 수많은 생명들이 살아가는 공간이기 때문입니다.

《사분율》〈대정장〉에 보면 한때 코끼리 조련사가 부처님과 제자들에게 꿀을 보시한 이야기가 나옵니다. 비구들에게 충분히 나누어 주고도 꿀이 남자 부처님께서는 "그대는 남은 꿀을 깨끗한 땅의 벌레 없는 물에 가서 부어라" 하고 이야기합니다. 코끼리 조련사가 남은 꿀을 물에 붓자 마치 크고 뜨거운 쇠를 달궈서 물에 넣은 듯 소리와 메아리가 진동하고 연기와 불길이 치솟습니다. 만약 그 물에 벌레가 있었다면 불길에 모두 죽었을 것입니다. 그래서 부처님께서는 벌레 없는 물에 부으라고 했던 것이지요.

스님들이 지켜야 할 계율에 "아프지 않으면 물에 대소변을 보거나 침을 뱉지 말아야 한다"는 것이 있습니다. 물을 오염시켜서는 안 된다는 부처님 말씀입니다.

우리가 먹는 생수는
아무 문제 없을까

우리 몸의 약 70%는 물입니다. 그래서 우리 몸에 물이 부족하면 탈수증에 걸리고 생명이 위험합니다. 〈물은 생명입니다〉라는 텔레비전 프로그램도 있습니다. 인간의 삶에 물은 없어서는 안 되므로 사람이 모여 사는 곳은 우물이 있고 물동이와 물지게가 필수품이었습니다.

사마천(司馬遷, BC 145?~BC 86?)의 글에 물을 짊어지고 전쟁터로 가서 큰돈을 번 이야기가 실려 있는 것을 보아 중국에서는 기원전부터 물장수가 있었음을 알 수 있습니다. 우리나라에도 조선시대 도성 한양에 물지게를 지고 물을 파는 북청물장수가 있었습니다. 시인 김동환이 1925년에 발표한 〈북청물장수〉란 시가 있으니 일제 강점기에도 물장수는 있었습니다. 물지게를 지고 물을 팔던 시대가 지나 이제는 페트병에 물을 담아 트럭으로 실어다 파는 시대가 되었습니다.

오늘날 페트병에 담아 먹는 물을 생수라 합니다. 그러나 '먹는 샘물'이라는 표현이 맞습니다. 많은 사람들이 생수를 사서 마시는 것은 수돗물을 신뢰하지 못하기 때문입니다. 생수는 지하수나 용천수 등 자연 상태의 깨끗한 물을 먹기에 적합하도록 정수 처리 등을 거쳐 담아 파는 겁니다. 생수는 땅에 흐르는 물이 아니라 땅속에 있는 물입니다.

과연 생수는 말 그대로 신선한, 살아 있는, 안전한 물이라 믿을 수 있을까요? 생수는 지하수이므로 어디서 퍼 올렸는지가 중요합니다. 축산 농장이나 농경지나 광산 부근에서 퍼 올린 생수라면 오염 가능성이 높습니다. 경기, 충남, 강원 지역의 생수업체 수원지 열 곳이 구제역 매몰지와 인접해 이미 오염됐거나 오염될 가능성이 있다고 합니다. 이미 일부 생수 제품에서 일반 세균이 검출되어 문제가 되었습니다. 생산 이후 소비자에게 가기까지 유통 과정에서 오랫동안 햇빛에 노출되어 미생물이 증식할 수도 있으며, 발암 물질이 만들어지기도 합니다.

우리가 무심코 마시는 생수에 조금만 관심을 가져보면 불편한 진실이 감추어진 것을 알 수 있습니다. 먼저 생수는 1회용 페트병에 담겨 판매되므로 연간 엄청난 플라스틱 쓰레기를 배출합니다. 버려진 플라스틱은 햇빛과 바람에 미세플라스틱으로 분해되어 먹이사슬을 통해 우리 몸속에 들어와 쌓입니다. 그리고 차에 먹다 두거나 산에 무심코 버린 생수 페트병이 돋보기 역할을 해 산불을 일으키기도 합니다.

수돗물을 불신하면 강 살리기에 소홀하게 되어 강은 거대한 지하수는 특정인의 소유가 아니라 우리 모두의 공동 자산입니다. 그러니 먼저 발견하는 사람이 마음대로 팔아먹을 수 있는 게 아닙니다.

하수관으로 변하게 됩니다. 낙동강 물에 대한 불신으로 지리산에 댐을 막아 부산시 상수원으로 사용하려는 계획을 세우기도했습니다. 강을 정화하려는 노력을 결코 포기해서는 안 됩니다.

지하수는 무한히 존재하는 게 아닙니다. 빗물이나 지표수가 땅속에 스며들어 만들어지므로 가물어서 비나 눈이 오랫동안 내리지 않으면 지하수의 양은 당연히 줄어듭니다. 세계 상수원의 90%는 지하수이지만 우리나라는 노년기 지형으로 지하수를 포함하는 대수층이 발달하지 않아 지하수 양이 많지 않은 편입니다. 너도나도 금광을 캐듯 생수 공장을 만들면 지하수는 곧 고갈될 것이 뻔합니다.

지하수는 땅속에 흐르는 강물이나 호숫물입니다. 그런데 생수 회사가 지상의 조그마한 땅에서 대형 파이프를 깊이 내려 지하수를 뽑아 지하 호수에 고인 물을 다 빼 가는 겁니다. 지

아름다운 삶의 방식

하수는 특정인의 소유가 아니라 우리 모두의 공동 자산입니다. 그러니 먼저 발견하는 사람이 마음대로 팔아먹을 수 있는 게 아닙니다.

대규모로 물을 사용하는 공장이나 골프장 등에서도 지하수를 퍼 올려 사용합니다. 제주도 골프장에서 사용하는 지하수는 제주도 생수인 삼다수 연간 생산량의 40배에 달한다고 합니다. 값이 싸다고 지하수를 흥청망청 사용하고 있는 것입니다.

지하수를 퍼 올리면 지하수가 있던 땅속 암석과 흙 사이가 비게 되고 결국 지반이 내려앉습니다. 이를 싱크홀(sink hole)이라고 합니다. 2007년 4월 과테말라시에서 100미터나 되는 구멍이 생기면서 20여 채의 집이 빨려 들어가는 사고가 일어났습니다. 중국 상하이는 지나친 지하수 사용으로 1966년부터

 싱크홀

석회암 등 퇴적암이 많은 지역에서 주로 발생하는 자연 현상으로, 땅이 가라앉아 생긴 구멍을 의미한다. 지하수층의 지하수가 빠져나가면서 흙이 쓸려 내려가거나 석회암 중 탄산칼슘이 녹아 지층 밑에 공간이 형성되게 되는데 이 공간이 상부에 존재하는 지층의 압력을 견디지 못해 땅이 꺼지는 경우에 생긴다. 대개 둥근 원뿔 또는 원통형 모양으로 지름이 작게는 수 미터에서 크게는 수십 미터, 깊이는 수백 미터에 이르기도 한다. 현재 세계적으로 상하수도 공사, 지하철 공사, 지하수 개발 등 인위적인 이유로 인해 도시 내에 싱크홀이 많이 발생하고 있다.

2011년까지 45년에 걸쳐 약 29센티미터 정도 지반이 내려앉았다고 합니다. 그리하여 지반 침하 방지를 위한 관리 체제를 갖추고 지반 침하 감측 시설과 방지 시설을 1,000여 곳에 설치했습니다. 중국 수도 베이징도 도시에 필요한 물 상당 부분을 지하수에 의존하면서 지반이 점차 내려앉고 있다고 합니다.

———

부처님 당시 스님들은 물속에 있는 작은 벌레를 죽이지 않기 위해 그리고 티끌 같은 것을 없애기 위해 물을 거르는 주머니를 가지고 다녔답니다. 즉석 정수기를 가지고 다닌 셈이지요. 우리도 생수병 대신 텀블러에 차를 담아 가지고 다니면 좋지 않을까요?

지표수가 지하로 스며드는 데는 오랜 세월이 걸립니다. 그리고 지표수가 오염되면 지하수도 오염되기 마련입니다. 결국 땅위의 물을 오염하지 말아야 합니다. 지표수를 깨끗하게 관리해 사용하고 지하수는 가뭄과 같은 자연 재앙을 대비해 최후의 수단으로 남겨놓아야 합니다.

쓰레기가
떠다니는 바다

바다가 지구 표면의 약 71%를 차지하므로 지구는 물의 별이라 할 수 있습니다. 우주에서 지구를 바라볼 때 파랗게 보이는 것은 바로 이 때문입니다. 바다는 태양에서 오는 많은 열을 효과적으로 저장하기도 하고 열대지방에서 극지방으로 열을 운반하여 생명체가 살기 적합한 기후를 만듭니다.

하늘에서 내리는 비와 눈은 땅 위에 떨어지면서 낮은 곳으로 흐릅니다. 지형을 따라 흐르면서 토양과 함께 여러 물질을 이동시킵니다. 마지막 도착지는 바다입니다. 그러니 하늘과 땅이 깨끗하면 바다도 깨끗하고 하늘과 땅이 더러우면 바다도 더러울 수밖에 없습니다.

바다는 넓고 바다에 들어온 자연물과 유기물 대부분은 바다의 식물성 플랑크톤이 먹어 정화시킵니다. 하지만 인간이 만들어낸 스티로폼이나 플라스틱 같은 화학물질은 분해되지 않아 바다에 떠다닙니다. 어느 해안가를 가보더라도 떠다니는 해양 쓰레기를 많이 발견할 수 있습니다.

2017년 한 해 동안 우리나라 연안 40개소에서 발견된 해양 쓰레기가 약 9.7톤이라고 합니다. 우리나라 해양 쓰레기를 살펴보면 플라스틱류가 가장 많고 스티로폼, 목재, 유리, 흡연·불꽃놀이, 금속 순입니다. 해양 쓰레기란 사람이 살면서 생긴 모든 부산물로서 바다로 들어가 못쓰게 된 것을 말합니다. 결국 해양 쓰레기는 육지 쓰레기인 셈이지요.

해양 쓰레기는 바다 생물에게 많은 피해를 줄뿐더러 쓰레기를 버린 인간에게도 피해를 줍니다. 연안에 가라앉는 쓰레기는 알과 치어를 보호해주는 산호초를 죽입니다. 항구나 양식장 주변 바다 밑바닥에 무더기로 가라앉은 쓰레기로 바다 밑바닥이 썩어 생물이 살 수 없습니다.

몇 해 전부터 멸종위기종인 바다거북이 우리나라 연안에서 폐사체로 발견되고 있습니다. 장수의 상징인 바다거북의 폐사

바다는 넓고 바다에 들어온 자연물과 유기물 대부분은 바다의 식물성 플랑크톤이 먹어 정화시킵니다. 하지만 인간이 만들어낸 스티로폼이나 플라스틱 같은 화학물질은 분해되지 않아 바다에 떠다닙니다.

원인을 알아보기 위해 해부를 해보니 소화기관에 각종 해양 쓰레기들이 가득 차 있었습니다.

양식장과 어선에서 버린 어구들은 바다 속 흉기입니다. 바다 동물이 그물, 낚싯줄, 밧줄 등에 얽히면 이동할 수 없어 굶어 죽거나 상처를 입어 병에 걸리거나 질식해 죽습니다. 매년 바다새가 100만 마리, 고래나 바다표범, 바다소 등 보호해야 할 해양 포유동물이 10만 마리나 죽는 것으로 알려져 있습니다. 배 스크루에 그물이나 밧줄이 감기거나 비닐봉지가 냉각수 파이프에 빨려 들어가면 엔진에 부하가 걸려 운항을 할 수 없게 되기도 합니다. 우리나라 선박 사고 원인 중 10분의 1이 해양 쓰레기 때문이라고 합니다.

소래포구 하면 새우젓으로 유명하지요. 그런데 이곳에서 새우젓을 담기 위해 찢어진 비닐 조각을 골라내는 일이 보통이 아니라고 합니다. 비닐봉지가 바다로 흘러 들어가면서 잘게 찢어져 흘러 다니기 때문입니다. 일일이 손으로 작은 쓰레기들을 골라내는 작업을 하다 보면 어업 생산성이 떨어지게 마련입니다.

요즘 들어 방송국에서 심각하게 다루는 것은 플라스틱입니다. 가볍고 값이 싸면서 방수성과 절연성을 갖추고 색과 모양을 가공하기도 편리한 플라스틱은 우리들 일상생활 전반에 널리 사용되고 있습니다. 한 번 쓰고 버리는 컵, 빨대, 페트병은 완전히 자연 분해되지 않습니다.

미국인 선장 찰스 무어(Charles Moore)는 1997년 하와이에서 열린 요트 경기에 참여해 로스앤젤레스로 가던 중 북태평양 한가운데에서 거대한 쓰레기 더미를 발견합니다. 이들 쓰레기 약 90%가 플라스틱 제품이라 '플라스틱 섬'이라 부릅니다. 세계에서 쏟아져 나온 페트병과 플라스틱들이 바다로 흘러 들어가 거대한 플라스틱 섬을 만든 것이지요. 북태평양 한가운데 있는 한 쓰레기 섬은 한반도 크기의 7배로 인공위성에서도 확인할 수 있을 정도라고 합니다.

미생물에 의해 분해되지 않고 오랜 세월 바다 위에 떠다니는 플라스틱은 햇빛에 노출되고 파도에 부서지면서 아주 잘게 부스러집니다. 이런 미세플라스틱에는 독성을 가진 화학물질이

 환경운동가 찰스 무어

평범한 시민이었던 찰스 무어는 우연히 "태평양 거대 쓰레기 지대"를 최초로 발견하여 플라스틱 해양 오염 문제를 제기했다. 태평양 한가운데 떠다니는 플라스틱 양이 무게로 따졌을 때 동물성 플랑크톤보다 6배나 많다는 사실을 발견해 미국 사회를 충격에 빠뜨렸으며, 바닷속 플라스틱이 독성 화학물질을 흡수하여 해양 먹이사슬을 오염시키고 있다는 사실을 전 세계에 알렸다. 그를 소재로 하여 바다의 '플라스틱 전염병' 문제를 다룬 《LA타임스》의 기사는 2007년 퓰리처상을 수상했다.

잘 달라붙습니다. 작은 물고기가 독성을 가진 미세플라스틱을 먹으면 소화되지 않고 몸속에 그대로 쌓입니다. 먹이사슬에 따라 더 큰 물고기가 먹고 인간이 이 물고기를 먹으면 인간의 몸속에도 독성의 미세플라스틱이 쌓입니다.

바다에 떠다니는 쓰레기는 바람과 해류에 따라 이동하므로 국경을 넘어 다른 나라에도 피해를 줍니다. 외국에서 밀려온 쓰레기는 나라 사이 갈등으로 떠오르기도 합니다.

해양 쓰레기는 관광 자원의 가치와 질을 떨어뜨립니다. 아무리 자연경관이 훌륭하다 할지라도 쓰레기가 떠밀려온 해안가를 찾을 관광객은 없습니다. 아름다운 바닷가 관광지를 보존하기 위해 깨끗한 바다를 유지해야 합니다. 바다에 버려진 쓰레기를 수거하고 처리하는 데는 많은 비용이 들어갑니다. 잠수부를 고용하거나 중장비를 동원해야 하며, 수거 후 이물질을 제거하거나, 세척하여 재활용하거나, 소각이나 매립하는 데에도 많은 어려움이 따릅니다.

———

해양 쓰레기와 산업 오·폐수와 기름 유출 등으로 바다는 오염되어 바다의 식물성 플랑크톤이 무서운 속도로 감소하고 있습니다. 이 식물성 플랑크톤은 먹이사슬의 토대일뿐더러 지구 내 유기물 생산의 절반을 책임지고 있습니다. 또한 대기로부터 이산화탄소를 제거하며 우리가 마시는 산소의 절반 이상을 만들어냅니다.

부처님의 가르침은 마치 큰 바다와 같다고 비유합니다. 각자 다른 이름을 가진 강물이 바다로 들어와 하나가 되기 때문입니다. 그러나 바다는 더러운 것들을 정화하지만, 정화하지 못하는 것들은 바닷가로 밀어냅니다. 각 나라에서 흘려 버린 쓰레기는 결국 바다에 쌓이고, 정화되지 않는 쓰레기들은 바닷가나 바다 수면 위로 밀려납니다.

물의 행성 지구 표면의 71%를 차지하는 바다의 생태계가 교란되면 결국 인간도 살아남을 수 없습니다.

원유 유출로

고통 받는 생태계

●

　2007년 12월 7일 충남 태안 앞바다에서 발생한 기름 유출 사고를 기억하실 겁니다. 태안 앞바다에서 허베이스피릿호와 삼성중공업의 해상 크레인이 충돌하면서 원유 1만 2,547톤이 바다로 흘러내린 사건입니다. 보통 기름 유출 사고는 사고를 일으킨 선박의 명칭으로 불려지므로 이 사고는 '삼성1호-허베이스피릿호 원유 유출 사고'라 불러야 합니다. 그럼에도 각종 매스컴에서 '태안 원유 유출 사고'로 보도하면서 태안 지역은 전체 이미지가 나빠져 불이익을 입었고, 반면에 사고를 낸 기업은 그 뒤로 숨어버렸습니다.

　타르덩이가 해안 바위와 모래사장을 뒤덮자 전국에서 120만 명에 달하는 자원봉사자들이 달려와 기름 제거에 나섰습니다. 두통과 어지러움과 메스꺼움으로 병원에 실려 가는 사람들이 이어졌지만 온 국민이 힘을 모아 기름을 제거했습니다.

　이 사건으로 서해안 지역 주민들은 해수욕장, 어장, 양식장이 오염되어 생업에 막대한 영향을 받았습니다. 원유 유출로 바닷물이 혼탁해지고 산소량이 줄어들면서 인근 양식장의 어패류가 대량으로 폐사했습니다. 전문가들은 해양 생태계가 완전히 복구되기까지는 멀게는 100년 이상이 걸릴 것이라 예상합니다. 사고의 대가는 컸지만, 반면에 기름을 수송하는 유조선 사고가 해양 생태계에 얼마나 큰 위협을 초래하는지 그 심각성을 모두에게 인식시켜준 일이었지요.

우리나라는 원유가 한 방울도 나지 않지만 원유를 정제하는 석유화학단지가 울산, 전남 여수, 충남 대산에 있습니다. 우리나라에서 사용하는 원유만 가져와 정제하여 사용하는 게 아니라 수출할 원유까지 정제하므로 우리나라 연안에는 수많은 초대형 유조선이 드나들고 있습니다.

요즘 많은 젊은이들이 여수를 찾습니다. 여수 낭만포차는 관광 명소가 되어 길게 줄을 서서 기다려야 할 정도입니다. 이처럼 여수가 젊은이들에게 널리 사랑받는 것은 가수 버스커버스커가 부른 노래 〈여수 밤바다〉의 영향도 무시할 수 없을 것입니다. 잔잔한 목소리로 "여수 밤바다 이 조명에 담긴 아름다운 얘기가 있어 네게 들려주고파 전활 걸어 뭐하고 있냐고 나는 지금 여수 밤바다 여수 밤바다 아~ 너와 함께 걷고 싶다" 하며 부르는 노래가 젊은이들을 여수로 끌어들이는 것이지요.

그런데 여수는 바닷가에 낭만포차만 있는 게 아니라 석유화학산업단지도 들어서 있습니다. 광양에서 이순신대교를 타고 여수로 들어가면서 바라보이는 석유화학단지 야경은 여수 10경에 들 정도로 아름답기는 합니다. 석유산업단지가 조성되고 많은 유조선이 드나드니 여수에서 기름 유출 사고도 빈발합니다. 1995년 기름을 실은 시프린스호가 태풍으로 침몰하여 5,000톤의 기름이 여수 바다 속에 흘러드는 사고가 일어났습니다. 그 후에도 송유관 파손 등으로 크고 작은 기름 유출 사고가 끊이지 않습니다.

어쩌면 석유화학산업단지를 가진 이상 바다 기름 유출은 운명처럼 받아들여야 하는지도 모릅니다. 그러나 대형 기름 유출 사고가 일어난다면 여수 밤바다 낭만포차는 결국 사라지게 될 것입니다. 낭만의 여수 밤바다를 관광 자원으로 오래도록 유지하려면 기름 유출 사고 예방부터 철저히 해야 합니다.

 원유 유출량의 계산

엑슨발데즈 원유 유출 사고는 1989년 알래스카에서 발생한 최악의 환경 재앙 사건으로 기록된다. 세계 1위 석유업체 미국 엑손모빌의 유조선이 암초에 부딪혀 25만 배럴의 원유가 유출됐고 손해배상으로 43억 달러(4조 원)을 치렀다. 한편 이 숫자는 알래스카주 엑슨발데즈 원유유출신탁협회, 미국 해양대기청과 그린피스, 시에라클럽 등 환경 단체가 사용하고 널리 인정되고 있는 추정치이지만, 야생의 수호자 (Defenders of Wildlife) 등 여러 단체들은 이 공식 발표는 유출량이 너무 적게 발표되었다며 이의를 제기했다. 그 이유는 해수 중에서 미립 자화되어 버린 원유는 계산에 포함되지 않았기 때문이다.

석유가 없다면 현대인은 한순간도 살기 어렵습니다. 석유로부터 휘발유와 중유를 정제할 뿐 아니라 합성수지·합성섬유·합성고무를 비롯한 기타 석유화학제품을 생산합니다. 이들 석유화학 원료를 가공해 생산되는 제품은 플라스틱·옷감·고무·페인트·비료·농약·의약품에 이르기까지 이루 헤아릴 수 없을 만큼 많습니다. 석유 산유국은 세계 경제를 좌우하는 부자 나라가 되고 석유는 검은 황금이라 불리는 이유이지요.

전 세계 모든 나라들이 석유를 사용하므로 원유를 시추하고 수송하고 정제하는 과정에서 기름 유출은 일어날 수밖에 없습니다. 지금까지 전 세계 기름 유출 사고 가운데 가장 큰 사고는 2010년 4월 20일 미국 멕시코만에서 세계 2위 석유회사인 영국 BP(브리티시 페트롤룸)의 시추 시설 딥워터 호라이즌이 폭발한 사고였습니다. 석유 시추 시설이 폭발하면서 5개월 동안 약 7억 7,000만 리터의 원유가 유출되었습니다. 원유 시추가 진행 중이던 시추공에서 원유가 부근 멕시코만으로 흘러 들어갔으며 한반도 면적보다 넓은 지역을 뒤덮었습니다. 온몸이 시커먼 기름으로 뒤덮여 죽어가는 바다 동물들의 모습이 텔레비전 화면에 등장해 기름 유출 사고의 현실을 보여주며 보는 이들의 가슴을 뭉클하게 하였습니다.

원유는 바깥에 노출되어도, 땅과 바다에 흘러도, 불로 태워져도, 화학제품으로 만들어져도 결국은 지구 환경을 오염시키는 물질입니다. 석유를 대신해 태양과 바람을 이용한 신재생에너지를 생산하고 자연 분해되는 친환경 제품을 개발하지 않으면 지구 환경 파괴는 피할 수 없습니다.

———

원유가 지하에서 나오는 순간 환경오염은 시작됩니다. 원유는 정제 과정을 거쳐 가솔린·등유·중유·나프다·LPG 등 석유 제품이 만들어집니다. 기술의 발달로 석유를 이용해 다양한 석유화학제품이 만들어져 생활에 많은 도움을 줍니다. 그러나 원유를 채굴하고 운송할 때 유출 사고가 잦아 해양을 오염시키고 있으며, 석유 제품을 연소할 때 발생하는 미세먼지와 유해가스는 대기를 오염시킵니다. 그리고 플라스틱·화학섬유·화학비료·살충제·합성고무와 같은 석유화학제품은 사용 후 산업 폐기물이 되어 땅과 바다를 오염시킵니다.

원유는 바깥에 노출되어도, 땅과 바다에 흘러도, 불로 태워져도, 화학제품으로 만들어져도 결국은 지구 환경을 오염시키는 물질입니다. 석유를 대신해 태양과 바람을 이용한 신재생에너지를 생산하고 자연 분해되는 친환경 제품을 개발하지 않으면 지구 환경 파괴는 피할 수 없습니다.

3

불

불은 따뜻하고 익히는 작용을 합니다. 우리 몸의 체온이 바로 개개인이 가진 불의 요소입니다. 체온은 낮아도 높아도 안 되며 적당한 온도를 유지해야만 생명을 유지할 수 있습니다. 우리가 살아가는 지구도 적절한 온도를 유지할 때 지구별의 모든 생명체들이 살아갈 수 있습니다. 불의 요소가 강하면 산과 들을 태우고, 불의 요소가 약하면 물이 얼고 식물이 자랄 수 없기 때문입니다.

핵에너지는 안전한가?

2018년 5월 3일 SBS의 보도로 대진침대 제품에서 1급 발암 물질인 라돈이 대량 방출된다는 사실이 밝혀졌습니다. 침대 매트리스에서 음이온이 나오게 하려고 음이온 파우더를 매트리스 바깥 면에 코팅했는데 이 파우더가 바로 라돈과 토론(라돈의 동위원소)을 내뿜는 모자나이트라는 광물이었습니다.

라돈(Rn)은 우라늄과 토륨이 붕괴하면서 발생하는 방사성 기체로 토양이나 콘크리트·석고보드·석면슬레이트 등 건축 자재에도 존재합니다. 라돈이 호흡기를 통해 몸속에 축적되면 우리의 건강, 특히 폐에 나쁜 영향을 준다고 합니다. 세계보건기구(WHO)는 전 세계에서 발생하는 폐암 가운데 14%가 라돈 때문이라며 라돈을 폐암을 유발하는 1급 발암물질로 지정하고 있습니다. 라돈 사태로 또 한 번 방사능에 대한 온 국민의 관심과 불안감이 커졌습니다.

방사선이란 우라늄이나 플루토늄 같은 물질이 내놓는 입자나 전자기파를 말하고, 방사능이란 방사선을 내는 능력을 말합니다. 방사선은 질병 치료에 사용되기도 하지만 몸을 통과하면서 분자와 공명하여 세포 조직의 손상을 가져오고 염색체에 영향을 주어 다음 세대까지 이상 증세가 이어집니다.

원자력 폭탄을 일본에 투하함으로써 제2차 세계대전은 끝났지만 원자력의 위험은 세계에 널리 알려졌습니다. 원폭으로 히로시마에서 8만 명, 나가사키에서 20만 명이 숨졌습니다. 이들 가운데 한국인 사망자는 히로시마에서 1만 5,000명, 나가사키에서 3만 5,000명으로 전체 사망자의 20%를 차지합니다. 한국인 피폭자가 10만 명이며, 2세까지 대를 물려 고통 받고 있습니다. 그런데도 우리나라 사람들은 일본에 떨어진 원폭으로 이렇게 많은 한국인이 피해를 입었다는 사실을 알지 못합니다. 국내 원폭 피해 생존자 2,000여 명 가운데 600여 명이 살고 있는 합천은 한국의 히로시마라 불립니다.

원자력 폭탄에 대한 우려와 불안으로 미국과 구소련은 마침내 핵무기 감축 협상을 이루어내고, 확산을 막기 위해 핵확산금지조약(NPT)을 체결합니다. 이러한 노력으로 핵무기는 감축했지만 원자력을 사용하는 원자력발전소는 세계 곳곳에 건설되었습니다. 원자력발전소 한 곳에서 사용하는 우라늄 양은 핵폭탄의 약 1만 배나 됩니다. 그러므로 원자력발전소에서 사고가 나면 핵폭탄처럼 순간적인 폭발을 일으키지는 않지만 핵폭탄보다 훨씬 큰 규모의 방사능을 배출합니다.

원자력발전소는 원자로를 식히기 위해 많은 물이 필요하므로 주로 바닷가에 위치하며, 원자력발전소에서 발생한 방사성 물질은 대부분 바다로 흘러 들어갑니다.

지난 2011년 3월 11일 일본 후쿠시마에 규모 9.0의 지진이 발생하면서 후쿠시마 원자력발전소 4기가 폭발하는 사고가 일어났습니다. 후쿠시마 핵 사고는 1979년 미국 스리마일 핵 사고와 1986년 구소련 체르노빌 핵 사고에 이은 세 번째 대형 핵 사고였습니다. 녹아내린 핵연료가 원자로를 뚫고 나왔고 막대한 방사능 오염수는 지속적으로 바다로 흘러들고 있습니다.

원자력발전소는 원자로를 식히기 위해 많은 물이 필요하므로 주로 바닷가에 위치하며, 원자력발전소에서 발생한 방사성 물질은 대부분 바다로 흘러 들어갑니다. 녹아내린 핵연료를 제거할 때까지 앞으로도 수십 년 동안 방사성 물질의 누출은 계속될 테지요. 바다로 흘러 보낸 방사능 오염수는 일본 전역뿐 아니라 해류를 타고 북태평양으로 흘러 들어가 북태평양 전체를 오염시키고 있습니다. 공기를 타고 하늘로 날아간 방사능 물질은 일본 국토 70%를 오염시켰으며 인접한 우리나라도 마냥 안심할 수는 없는 노릇입니다.

원자력은 이산화탄소를 배출하지 않아 친환경적이고 발전 원가도 싸다며 원자력발전을 옹호하는 사람들도 많습니다. 하지만 연료로 사용했던 핵폐기물을 비롯한 방사능 폐기물을 처리하는 데 얼마나 많은 비용이 들지 아무도 모르는 실정입니다. 방사능 폐기물을 처분하거나 노후된 원자력발전소를 폐쇄하는 문제에 대해서는 심각하게 고민하지 않고 원자력발전소를 짓는 것이지요.

현재 우리나라는 연료로 사용했던 핵폐기물을 재처리할 수도 없습니다. 재처리를 하면 우라늄을 농축해 재활용할 수 있고 반감기가 긴 물질을 분리해 영구 처분해야 할 고준위 폐기물의 부피를 줄일 수 있습니다. 그러나 재처리 과정에서 핵무기의 원료인 플루토늄을 추출할 수 있으므로 우리나라는 국제원자력기구(IAEA)로부터 제재를 받고 있습니다. 결국 사용한 핵폐기물은 영구 처리할 저장소를 만들 때까지 원자력발전소 내에 보관해야만 합니다.

각 원자력발전소마다 연료로 사용한 핵폐기물은 수조에 담아 식히고 있지만 수조 공간이 한계에 다다르고 있습니다. 월성 원자력발전소의 경우 이미 연료로 사용했던 핵폐기물을 수조에 보관할 한계가 넘어 1991년부터 건식 저장 시설인 캐니스터와 맥스터에 넣어 지상에 보관하고 있습니다.

연료로 사용한 핵폐기물을 영구 처리할 방안을 빨리 찾아야만 합니다. 원자력발전소에서 사용한 옷·장갑·장화 등 방사능이 낮은 저준위 방사능 폐기 저장 시설도 주민들의 엄청난 반발에 부딪혀 완공되기까지 오랜 기간이 걸렸습니다. 연료로 사용했던 핵폐기물과 같은 고준위 폐기물을 영구 저장할 시설을 건설하기는 여간 어려운 일이 아닙니다. 고준위폐기물처리장 입지조차 선정하지 못하고 있으니 앞으로 얼마나 오랜 시일이 걸릴지 아무도 알 수 없습니다. 이제 노후된 고리원자력발전소 1호기와 월성원자력발전소 1호기를 해체하면 고준위 폐기물이 나오게 되는데, 이를 처분할 공간도 아직 마련하지 못하고 있습

 국제원자력기구(IAEA)

원자력의 평화적 이용을 위한 연구와 국제적인 공동 관리를 위해 설립된 국제기구. 우리나라는 1957년도에 가입했고, 북한은 1974년에 가입했다. 특히 북한은 1993년 2월 IAEA가 특별핵사찰을 요구한 데 대해 NPT 및 IAEA 탈퇴를 선언하여 국제연합 안전보장이사회로부터 제재를 받을 위기에 몰렸으나 1994년 미국과 경수형원자로에 대한 합의가 이루어지면서 IAEA 탈퇴 문제는 해소되었다. 2018년 현재 북핵 문제는 6자회담 틀 내에서 한—미간 긴밀한 정책 교류가 진행 중에 있다.

니다. 연료로 사용했던 핵폐기물도 재처리하지 못하고 그렇다고 영구 처분할 곳도 없는데 원자력발전소를 계속해서 건설한다는 것은 화장실도 없이 음식점을 운영하는 것과 다를 바가 없는 일이지요.

———

화석연료를 태우는 발전소가 미세먼지를 생산하고 지구온난화의 원인이 된다며 원자력발전소 건설을 주장하는 사람들이 있습니다. 그러나 원자력발전은 핵폐기물 처리와 원전 사고의 위험이 늘 도사리고 있다고 해도 과언이 아닙니다. 당장 핵폐기물을 처리할 수도 없고 원전 사고가 결코 일어나지 않는다고 그 누구도 장담할 수 없습니다.

국토가 좁은 우리나라의 경우 핵 사고는 국가 존폐의 위기를 가져올 수 있는 재앙입니다. 유럽을 중심으로 이제 선진국은 원자력발전소를 더 이상 짓지 않고, 태양과 풍력을 이용한 신재생에너지 개발로 나아가고 있습니다. 지구와 인류를 살리는 신재생에너지 개발과 이용은 선택이 아니라 필수입니다.

점점 더워지는 지구

'지구온난화' '온실효과' '온실가스'…… 요즘 들어 부쩍 많이 듣는 말입니다. 생명체가 살아가기 위해 적절한 온도는 필수입니다. 포유동물은 엄마의 뱃속에서 온기를 느끼며 성장하고, 알로 태어나는 존재도 어미가 품어주는 따뜻함에 성장합니다. 우리 몸은 36.5~37.0C 사이의 적절한 온도를 유지해야 합니다. 체온이 35도 이하로 떨어지면 신진대사가 원활하지 못해 신체 기능에 제한을 받으며 심하면 생명을 잃습니다.

부처님은 "수명은 온기가 있으므로 존재하고 온기는 수명이 있으므로 존재한다. 기름 등불이 타고 있을 때 불꽃에 의지하여 빛이 드러나고 빛을 의지하여 불꽃이 드러나는 것과 같다"《맛지마 니까야》 43 〈교리문답의 긴 경〉)라고 했습니다. 인간은 적절한 온도를 유지해야만 살 수 있다는 말입니다.

동물뿐 아니라 지구도 살아가기 위해 적절한 온도가 필요합니다. 지구는 태양으로부터 에너지를 받아들입니다. 에너지가 계속 들어와 너무 많아지면 지구가 달구어져 뜨거워지므로 조절 과정을 통해 적절한 에너지를 유지합니다. 지구는 태양으로

아름다운 삶의 방식

부터 햇빛을 받아들이고 지구 밖으로 적외선을 내보냅니다. 이것을 복사열이라고 하는데, 복사열이 덜 나가면 가마솥처럼 뜨거워지고 더 나가면 얼음 창고가 되겠지요?

이처럼 자연은 스스로 변화하면서 지구 환경을 조절하여 들어오고 나가는 에너지를 조절하는 능력을 갖추고 있습니다. 그러나 인간은 현재까지 과학기술로는 지구에 들어오거나 나가는 복사에너지의 총량을 대규모로 조절할 수 없습니다. 아무 일도 하지 못하는 자연인 듯하지만 실은 인간이 해낼 수 없는 일을 하고 있지요. 인간이 자연환경을 파괴하여 자연의 자정 능력을 약화시키자 지구의 온도가 높아지는 재앙을 맞이하고 있습니다.

지구온난화에 대해서는 지구의 공전 궤도, 태양의 온도 변화,

> 자연은 스스로 변화하면서 지구 환경을 조절하여 들어오고 나가는 에너지를 조절하는 능력을 갖추고 있습니다. 그러나 인간은 현재까지 과학기술로는 지구에 들어오거나 나가는 복사에너지의 총량을 대규모로 조절할 수 없습니다.

화산 활동 등 여러 가지 설이 있지만 미국 항공우주국(NASA)에서 과학적 연구를 한 결과 온실가스가 지구온난화의 주범이라는 사실이 밝혀졌습니다. 지구온난화의 주요 원인은 인간 활동으로 대기 중의 이산화탄소나 메탄 등의 농도가 증가하기 때문입니다. 지구온난화의 핵심 물질은 이산화탄소인데, 이미 이산화탄소 농도가 400ppm을 넘어서면서 지구온난화의 마지노선이 무너졌다는 우려 섞인 탄식이 커지고 있습니다. 농업이나 축산, 도시화와 산업화 등으로 삼림을 제거하여 이산화탄소의 흡수원을 제거했기 때문입니다.

지구의 허파라 불리는 아마존 산림이 농업과 목축을 위해 불태워지고, 동남아 산림이 종이를 만드느라 벌목하면서 지구의 산림이 크게 줄어들고 있습니다. 산림이 줄어들면 자연히 온실가스를 흡수하는 자연의 능력도 줄어들게 마련입니다. 게다가 지구온난화의 가장 큰 이유가 바로 소가 내뿜는 트림과 방귀 가스라는 사실을 아시는지요? 약 20억 마리의 소와 양과 염소 등 되새김질하는 동물이 매년 1억 톤의 메탄가스를 내뿜는데 메탄가스는 지구온난화를 초래하는 정도가 이산화탄소의 20배라고 합니다.

지구가 따뜻해지면 어떤 일들이 일어날까요? 바다에 떠 있는 빙하 위에 올라탄 북극곰을 텔레비전에서 보신 적이 있을 것이지요. 지구 온도가 높아지자 북극의 빙하가 녹아내려 떠다니는 것이지요. 얼음이 녹으면 해수면이 높아지고 낮은 육지가 물에 잠기는 것은 당연합니다. 그리고 빙하가 녹으면 땅 밑에 갇혀 있는 메탄가스가 올라와 온실효과도 끌어올립니다. 북극의 얼음이 녹으면 빙하나 언 땅에 갇혀 있던 고대 바이러스가 깨어나 인류에게 치명적인 병을 가져올 수도 있습니다.

2016년 여름 러시아 시베리아 지역에서 75년 만에 탄저병이 발생해 어린 목동이 목숨을 잃고 순록 등 2,300여 마리의 동물이 사망한 일이 있었지요. 탄저병은 흙 속에 생존하는 탄저균으로 발생하는 급성바이러스성 전염병입니다. 감염되면 검은색으로 피부가 변해서 탄저병(炭疽病)이라 하며 하루 이틀 내에 항생제를 맞지 않으면 치사율이 95% 이상이 됩니다. 높은 치사율 때문에 탄저균을 화학 무기로 사용하기도 하지요. 학자들은 시베리아 지역에 35도 이상이 지속되는 이상기온으로 언 땅에 갇혀 있던 탄저균이 깨어난 것으로 보고 있습니다.

지구온난화로 우리나라도 겨울이 짧아지고 여름이 길어집니다. 2018년 여름 대한민국은 체온을 넘어서는 폭염이 계속되었습니다. 온대기후가 점차 아열대기후로 바뀌어가는 것입니다. 제주도에서 재배되던 감귤나무가 남해안 지역으로 올라오고 차나무는 충청도 지역까지 올라왔습니다.

지구가 뜨거워지면서 기압 배치나 통로의 변화가 일어나 여러 가지 기상이변이 일어나고 있습니다. 여름에 바닷물이 따뜻해지면 태풍이 더욱 강력하게 일어납니다. 지구가 뜨거워지면서 북아프리카와 중동 그리고 중국과 몽골에 있는 초원의 사막화가 급속도로 진전되고 있습니다. 예전에 없던 호우형 비가 순식간에 쏟아져 심각한 홍수가 일어나고 초원 지대의 가뭄은 더 길어지고 있습니다. 폭설이 내리고 갑작스런 한파가 닥쳐오기도 합니다. 지구가 따뜻해진다는데 우리나라는 왜 겨울에 매서운 추위가 계속 이어지는 걸까요? 북극 얼음이 녹으면서 생긴 에너지가 대기의 변화를 가져오기 때문입니다. 세계 곳곳에서 예상치 못한 기상이변이 일어나 우리 삶에 엄청난 재앙으로 다가오고 있습니다.

 이상기상

태풍, 한발, 집중호우, 폭설 등 30년에 1회 정도의 비율로 나타나는 비정상적인 기상 현상을 말한다. 1976년에서 77년에 걸쳐 미국 동부에 이상 한파가 몰아닥쳐 연료 부족이 문제가 되었으며, 유럽에서는 이상온난으로 눈이 녹아서 홍수가 일어난 곳도 있다. 최근 세계적으로 잦은 이상기상은 기후변화와 관련이 있지만, 이 밖에 화산의 분화라든지 해류 이변, 태양 활동 변동 등의 원인설도 있다.

아름다운 삶의 방식

———

　지구온난화가 가져오는 가장 큰 위기 중 하나는 생물다양성의 감소입니다. 생물다양성이란 다양한 형질을 가진 여러 종이 모여서 다양한 형태의 생태계를 만들어 그 종과 생태계가 알맞은 기능을 담당하며 안정적으로 유지되는 것을 말합니다. 생물다양성이 낮으면 생태계의 균형이 깨져 물질 순환이나 에너지 흐름에 이상이 생깁니다. 이처럼 생물다양성은 인류에게 매우 중요하므로 세계 각국은 생물다양성 보존을 위해 노력하고 있습니다.

　환경이 변하면 동물은 이동을 하지만 식물은 쉽게 이동하지 못하고 멸종하게 됩니다. 식물이 멸종하면 식물에 의지하는 동물들도 사라지게 됩니다. 생태계의 붕괴를 불러올 것은 불 보듯 빤한 일입니다.

공기

불교에서 바람은 움직이는 성질로 만물을 자라게 하고 살찌우는 작용을 한다고 합니다. 바람은 기압의 변화 따위에서 비롯하는 공기의 흐름으로, 바람이 너무 강하면 모든 것을 날려버리고 바람이 너무 약하면 빨래나 곡물이 마르지 않습니다. 바람은 흙과 물과 열을 이동시켜 생태계의 균형을 이룹니다.

생명을 위협하는
미세먼지

겨울이 물러가면 겨우내 닫아둔 창문을 열고 따사한 햇살을 집 안으로 맞이하는 봄날을 기다립니다. 그러나 이젠 봄이 되어도 창문을 열지 못합니다. 태양을 가린 뿌연 하늘이 일상이 되어버린 현실입니다. 봄의 불청객 황사 때문입니다. 황사란 바람에 의해 하늘 높이 올라간 미세한 모래먼지가 천천히 내리는 현상을 말합니다.

그런데 요즘 황사보다 더 기승을 부리는 것은 미세먼지입니다. 미세먼지란 10마이크로미터(마이크로미터는 1미터의 100만 분의 1을 말하며 0.001밀리미터입니다) 이하로 아주 작은 오염 물질을 말합니다. 초미세먼지란 2.5마이크로미터 이하로 미세먼지보다 더 작은 먼지입니다. 황사는 주로 칼슘·철분·알루미늄·마그네슘 등 토양 성분으로 이루어져 있으나, 미세먼지는 질산염·황산염·암모니아 등의 이온 성분과 금속화합물·탄소화합물 등 연소 결과물인 유해 물질로 이루어져 있습니다.

매일 아침 일기예보에 미세먼지 농도를 확인하고 일상처럼 마스크를 준비합니다. 이러니 봄나들이는커녕 미세먼지를 걸러주는 값비싼 공기청정기를 틀고 집 안에 꼼짝없이 틀어박혀 지내야 합니다. 이제 미세먼지는 봄만이 아니라 일 년 내내 발생하고 있습니다.

많은 사람들이 미세먼지는 중국 때문이라고 말합니다. 사실일까요? 물론 계절에 따라 중국에서 넘어오는 고농도 미세먼지가 70%에 이르기도 합니다. 그러나 한·미공동대기질연구보고서에 따르면 2016년 5~6월에 우리나라 상공을 뒤덮었던 미세먼지의 52%는 국내에서 발생하였고 중국에서 넘어온 미세먼지는 34%라고 합니다.

미세먼지가 많은 날 우리 몸은 자연히 거부 반응을 일으킵니다. 우리가 미세먼지와 만나는 곳은 코와 눈과 피부입니다. 가장 먼저 코로 숨쉬기가 어렵고 미세한 가루가 목구멍에 걸리는 것을 느낄 수 있습니다. 미세먼지는 코로 들이마시면 코 점막을 통해 걸러지지 않고 허파꽈리 등 호흡기의 가장 깊숙한 곳까지 침투하여 천식과 기관지염 등의 호흡기 질환을 일으키고 폐암의 원인이 됩니다. 미세먼지가 혈관으로 들어가 심혈관 질환을 일으키기도 합니다.

미세먼지가 자욱한 날이면 눈도 따갑습니다. 눈에 보이지 않을 정도로 가늘고 작은 먼지는 알레르기성 결막염과 같은 눈 질환을 일으킬 수 있습니다. 눈에 이물질이 닿으니 눈곱이 자주 끼고 충혈되고 가렵습니다. 눈이 피로하니 머리도 아픕니다. 미세먼지는 모공보다 작기 때문에 두피나 피부에 닿으면 모공으로 들어가 탈모나 아토피 같은 피부 질환을 일으킬 수도 있습니다. 미세먼지가 모공을 막아 여드름이나 뾰루지가 생기기도 하지요.

미세먼지는 동물은 물론 식물에게도 피해를 줍니다. 잎사귀에 닿으면 잎 표면의 왁스층이 파괴되고 상처가 생겨 호흡을 방해하여 광합성 능력을 떨어뜨립니다. 토양 입자에 붙어 영양분을 녹이고 토양 오염으로 뿌리의 흡수 능력을 떨어뜨려 식물의 생장에 지장을 줍니다. 식물의 뿌리털에 공생하면서 양분을 공급하는 균류도 자취를 감춰 식물이 질병에 잘 걸리게 됩니다. 토양과 호수가 산성화되고 각종 금속이나 대리석, 시멘트, 종이, 의류 등을 부식시킵니다.

미세먼지의 원인은 다양하지만 가장 큰 원인은 우리가 연료를 태울 때 나오는 물질들입니다. 자동차·선박·보일러 등에서 나오는 배기가스, 공장·쓰레기 소각장·화력발전소 굴뚝에서 내뿜는 미세먼지가 주요 원인입니다.

미세먼지를 이야기할 때 빼놓을 수 없는 것이 대기 정체입니다. 대기 정체란 공기를 이동하고 확산시켜 순환시키는 작용을 하는 바람이 미약한 상태를 말합니다. 공기의 온도 차이에 의해 대기 순환이 미미한 경우도 있지요. 연구 결과에 따르면 지구온난화가 심해지면서 대기 정체가 더욱 심해졌다고 합니다. 지구온난화로 북극의 얼음이 녹아 북극해의 기온이 올라가고, 이것이 북극과 북동아시아 사이 기압 배치를 교란시켜 북서계절풍을 약화시킵니다. 북서계절풍이 약화되면 대기 정체를 유발시켜 고농도 미세먼지와 스모그로 이어집니다.

이제 우리는 모든 생명체의 생명을 위협하는 미세먼지 발생을 줄이도록 노력해야 합니다. 공장이 밀집한 중국 동해안에서 편서풍을 타고 우리나라로 넘어오는 미세먼지는 중국의 협조 없이는 사실상 어쩔 수 없습니다. 유럽 국가들은 협약을 맺어 국경 너머 오염 물질이 확산할 경우 함께 모니터링을 하여 원인을 제공한 나라에 손해배상청구까지도 할 수 있다고 합니다. 하지만 동북아시아에서는 아직은 먼 이야기입니다.

불교에서는 만물이 흙·물·불·바람의 요소로 이루어졌다고 합니다. 바람의 요소는 팽창하고 수축하며 움직이는 성질을 가지고 있지요. 그리고 만물이 자라고 살찌게 하는 역할을 합니다.

아름다운 삶의 방식

우리나라 안에서라도 미세먼지를 줄이기 위해 노력해야만 합니다. 오염 물질 발생을 방지하기 위해 화석연료를 태우지 않는 친환경 에너지로 가야만 합니다. 버스는 천연가스를 연료로 사용하고 디젤자동차의 생산을 규제하고 하이브리드·전기·수소 자동차 보급을 확대해야 합니다. 선박이나 보일러 공장 등에는 오염 물질이 적게 나오도록 저감 장치를 설치해야 합니다. 화력발전소 대신에 태양광발전을 적극 추진해야 합니다.

———

불교에서는 만물이 흙·물·불·바람의 요소로 이루어졌다고 합니다. 바람의 요소는 팽창하고 수축하며 움직이는 성질을 가지고 있지요. 그리고 만물이 자라고 살찌게 하는 역할을 합니다. 농사짓는 어르신께 "농작물은 무엇으로 크나요?" 하고 물었더니 "바람으로 큰다"고 하더군요. 식물은 햇빛으로 광합성 작용을 하니까 당연히 햇빛이라고 할 줄 알았는데 바람이라고 하는 겁니다. 바람이 식물을 흔들어주어 성장한다는 것이지요.

사실 식물도 낮에는 광합성을 하지만 밤낮으로 언제나 호흡을 통해 포도당을 분해하여 에너지를 얻고 있습니다. 동물만이 아니라 식물 또한 공기가 맑아야 살아갈 수 있는 것입니다.

오존층,
지구를 보호하는 필터

●

    하늘은 여러 층으로 이루어져 있는데 대기권이란 지구를 덮고 있는 아주 얇은 기체막을 말합니다. 대기권을 이루는 기체는 많지만 질소(78%)와 산소(21%)가 대부분을 차지합니다. 대기는 대기압의 영향으로 끊임없이 움직이면서 열·수분·기체 등을 이동시킵니다. 이들 질소와 산소에 영향을 미치는 가장 중요한 세 가지는 바로 이산화탄소와 오존 그리고 아황산가스입니다. 이 가운데 오존은 자극성이 있는 기체로 공기보다 약간 무겁고 물에 잘 녹지 않으며 폭발성과 독성을 가지고 있습니다.

    지구 성층권 내 20~30킬로미터 사이에 오존(O_3)이 집중적으로 분포하고 있는데 이를 오존층이라고 합니다. 성층권 상층에 산소 분자가 태양으로부터 방출되는 강력한 자외선을 흡수하여 2개의 산소 원자로 분열한 후 다른 산소 분자와 재결합해 오존을 형성합니다. 또 자외선은 오존을 분해시켜 산소를 만들기도 합니다.

    이와 같이 자외선은 오존을 만들기도 하고 분해하기도 하여 대기 중에 일정한 양의 오존이 존재하도록 합니다. 오존과 산소의 변환 과정에서는 자외선을 상당량 흡수해 강한 자외선이 지구 표면에 도달하는 것을 막아줍니다. 오존층이 자외선을 걸러주는 필터 작용을 해 지구상의 생물을 보호하는 것이지요. 오존층은 지역마다 약간씩 달라 극지방에서는 농도가 짙고 적도 부근에서는 농도가 옅습니다.

오존은 우리 주변에서도 쉽게 볼 수 있습니다. 오존은 산소나 건조한 공기의 흐름에 전기 방전하여 인공적으로 만들 수 있습니다. 여러 가지 물질을 탈색하는 성질이 있어 유기화합물의 표백제로 쓰입니다. 매우 강한 살균제로 불쾌한 냄새와 향을 제거할 뿐 아니라 음료수를 살균하는 데도 쓰이지요. 또 오존은 사무실 복사기나 레이저프린터를 사용할 경우에도 발생하는데, 앞서 이야기했다시피 독성이 있어 장시간 흡입하면 호흡기관을 해치므로 주의해야 합니다.

일상생활에서 오존을 발생시키는 기기로는 일부 공기청정기, 오존살균세탁기, 복사기, 레이저프린터 등이 있습니다. 이들 전기용품은 강한 전기 방전을 하는데 이때 발생한 전자와 공기 중의 산소가 반응하여 활성산소로 변하고 이 활성산소가 다시 산소와 결합해 오존을 만듭니다. 이들 전기용품을 사용한 후에는 창문을 잠시 열어 환기시켜주는 게 좋습니다.

1980년대 중반에 과학자들은 남극 대륙 상공의 오존층에

'구멍'이 주기적으로 나타나는데, 이런 곳의 오존층 밀도가 정상 밀도에 비해 40~50% 정도 감소함을 발견했습니다. 과학자들은 1930년부터 냉장고나 에어컨 냉매와 스프레이 분무제로 사용해온 프레온가스, 소화기에 사용하는 할론가스와 질소산화물 등 인공 화학물질이 성층권의 오존을 파괴한다는 연구 결과를 발표했습니다.

지구의 오존층 감소 현상에 대한 관심이 증가하자 프레온가스와 할론가스 사용에 대한 국제적 규제가 필요했습니다. 1987년 9월 세계 각국의 지도자들은 오존층 파괴 물질에 관한 몬트리올의정서에 서명하여 오존층 파괴 물질의 생산·소비를 근절하는 노력을 해오고 있습니다. 오존층 파괴를 불러오는 이들의 제조를 계획적으로 감소시키고, 자동차 배기가스에서 나오는 질소산화물의 허용량에 대한 규제도 시작했습니다.

 활성산소

호흡 과정에서 몸속으로 들어간 산소가 산화 과정에 이용되면서 여러 대사 과정에서 생성되어 생체조직을 공격하고 세포를 손상시키는 산화력이 강한 산소. 유해산소라고도 한다. 불안정한 상태에 있는 산소로 환경오염과 화학물질, 자외선, 혈액순환장애, 스트레스 등으로 산소가 과잉 생산된 것이다. 암·동맥경화증·당뇨병·뇌졸중·심근경색증·간염·신장염·아토피·파킨슨병, 자외선과 방사선에 의한 질병 등 현대인의 질병 중 약 90%가 활성산소와 관련이 있다고 알려져 있다.

자외선은 인간뿐 아니라 동식물에도 치명적인 영향을 미칩니다. 오존층의 파괴로 자외선이 증가하면 동물의 면역체계를 손상해 피부암·백내장·유전자 변형을 가져옵니다. 또한 식물의 광합성을 억제하고 생장을 막아 농산물 생산량도 감소합니다.

오존층이 파괴되면 자외선을 제대로 차단하지 못해 지표면에 도달하는 자외선이 증가합니다. 오존층 파괴는 곧 자외선 증가를 말합니다. 학창 시절 과학 시간에 프리즘에 햇빛을 통과시켜본 적이 있으신지요? 이때 나타나는 무지개 빛깔 가운데 보라색 옆에 있는 것이 자외선인데 사람 눈에는 보이지 않습니다.

자외선은 면역 기능을 약화시키고 피부 그을림, 피부 주름과 노화, 기미 그리고 피부암의 원인이 됩니다. 탄력 있는 피부와 동안을 유지하려면 자외선 차단이 필수입니다. 자외선은 시력을 손상하고 백내장을 비롯한 눈 관련 질병을 유발합니다. 그래서 야외에 나갈 때에는 선크림이라 부르는 자외선 차단 크림을 바르고 꼭 선글라스를 써야 합니다.

오존이 호흡을 통해 폐로 들어오면 기침이나 염증을 일으켜 폐 질환, 뇌혈관 질환, 심혈관 질환에 걸릴 위험이 높아집니다. 자치단체 시·도지사는 오존오염도가 환경 기준을 초과할 경우 호우나 폭염 등과 같은 재난 상황처럼 오존주의보를 발령하여 실외 활동을 금지할 것을 경고합니다. 자외선 위험 정도는 자외선 지수(UV)로 표시하는데 0에서 10까지로 표시합니다. 자외선 지수가 6 이상이면 실외 활동을 자제하고 자주 수분을 섭취하는 것이 좋습니다.

———

자외선은 인간뿐 아니라 동식물에도 치명적인 영향을 미칩니다. 오존층의 파괴로 자외선이 증가하면 동물의 면역체계를 손상해 피부암·백내장·유전자 변형을 가져옵니다. 또한 식물

 자외선 지수(UV)

자외선 지수는 미국 국립기상청(NWS)과 환경보호국(EPA)에서 자외선 위험 정보를 제공해 주기 위해 고안하였다. 0에서 10(10이 가장 위험)까지 표시되며 날짜, 위도, 고도, 구름양, 오존 수치 등을 토대로 계산된다. 자외선 지수가 강함(7.0~8.9)일 때는 햇볕에 30분 이상 노출될 경우 피부에 홍반(피부가 손상돼 붉게 변하는 것)이 생길 우려가 높으므로 가급적 바깥 활동을 삼가는 것이 바람직하다.

의 광합성을 억제하고 생장을 막아 농산물 생산량도 감소합니다. 얕은 해역에 사는 플랑크톤의 체질을 변화시켜 해양 생태계의 먹이사슬을 파괴합니다.

태양의 자외선이 그대로 지표면에 닿으면 지구는 생명체가 살 수 없는 곳이 됩니다. 강한 자외선은 생명체에 치명적이기 때문입니다.

5

생명

부처님은 "살아 있는 생명이건 어떤 것이나, 동물이건 식물이건 남김없이, 길거나 크거나, 중간이나 작거나, 미세하거나 거칠거나, 보이거나 보이지 않거나, 멀리 사는 것이나 가까이 사는 것이나, 이미 생겨난 것이나 생겨날 것이나, 모든 존재들은 행복해지이다"(《숫따니빠따》 I.8 자애경) 하고 기원했습니다.

부처님과 제자들은 사람뿐 아니라 소나 돼지나 개나 닭과 같은 동물, 나아가 곤충이나 미미한 생명이 깃들어 사는 나무와 풀과 같은 식물, 그리고 눈에 보이지 않는 생물들이 살고 있는 땅과 물과 공기와 같은 모든 자연까지 행복하길 바랐습니다. 동물과 식물 그리고 이들이 의지해 살아가는 자연을 어느 것도 해치지 않고 모두 자애로운 마음으로 대하고 많은 생명들의 이익과 행복을 바라며 이를 위해 노력했습니다.

동물도 감정을 느껴요

인간은 빙하 시기에 추위를 견딜 에너지를 얻기 위해 동물을 사냥했습니다. 그러다 동물을 가축화해 식용으로 사용합니다. 꿀을 베어다 먹이고, 먹다 남은 음식물을 모아 사료로 주고, 놓아 기르며 자유롭게 활동하도록 하다 충분히 성장하면 잡아먹었습니다.

육식이 점차 늘면서 오늘날에는 축산을 기업화해 공장식 사육을 하고 있습니다. 시중 육류 99%가 공장식 농장에서 사육된 고기입니다. 기업은 최소 비용에 효율적으로 관리함으로써 최대 이익을 얻고자 합니다. 그러니 처음부터 소·돼지·닭을 살아 있는 생명체로 보기보다는 상품으로만 봅니다. 넓은 우리를 지으려면 비용이 많이 드니까 좁은 우리 안에 최대한 많이 넣어야 하고, 사료 값과 고기 양을 따져 최대 이익을 내는 시점에서 도축합니다.

작은 철조망을 여러 층으로 쌓아 올린 닭장 속 A4 용지 한 장도 안 되는 공간에 갇혀 항생제와 호르몬 사료로 사육되는 닭 한 마리가 낳는 달걀은 1년에 300개라고 합니다. 이는 자연 상태의 닭이 낳는 달걀보다 무려 열 배나 많습니다. 그러니 '동물 기계(animal machines)'란 말이 나오는 것이지요. 좁은 닭장에서 몸을 움직일 틈도 없이 키우다 보니 닭들이 스트레스를 받아 다른 닭을 부리로 공격하는 일도 빈발합니다. 그래서 아예 어린 병아리의 윗부리를 약 2분의 1, 아랫부리를 3분의 1 정도로 자르고 다듬습니다. 부리를 자르면 모이를 먹을 때 모이통 밖으로 사료가 튀어나가지 않는 이점도 있다고 합니다.

병아리 감별사라는 말을 들어보셨는지요? 병아리 감별사란 말 그대로 병아리를 암컷과 수컷으로 구별하는 직업입니다. 달걀을 낳지도 못하고 고기로 이익을 남길 만큼 빨리 자라지도 못하는 수컷 병아리를 구분하는 것이지요.

대규모 산란용 양계장에서 수컷 병아리는 태어나자마자 바로 산 채로 분쇄기에 넣어져 죽거나 가스실로 보내져 도살 처분됩니다. 매년 이렇게 죽는 수컷 병아리가 전 세계 25억 마리 이상이라 합니다. 독일에서는 병아리가 태어나기도 전에 달걀을 통해 암수를 가리는, 조금 더 인도주의적인 방법으로 죽이는 기술을 개발했다고 합니다.

소고기를 먹을 때 마블링이 많으면 고급으로 여기곤 하지요? 마블링은 지방입니다. 그래서 지방이 많아지도록 소들이 운동을 하지 못하게 우리에서 키우는 것이지요. 암소는 우수한 수소의 정자를 인공수정하여 송아지를 3~4마리를 낳은 뒤에는 비육 프로그램을 거쳐 살을 찌운 다음 도축합니다. 그리고 수소는 수컷 호르몬이 육질에 좋지 않은 영향을 끼친다며 거세시킵니다. 수컷 젖소는 우유를 생산할 수 없기 때문에 처음부터 비육시킵니다.

사실 돼지는 깨끗한 것을 좋아합니다. 자연에 풀어놓은 돼지는 스스로 공동 보금자리를 만들고 보금자리에서 멀리 떨어진 곳에 변을 보는 장소를 마련합니다. 게다가 영장류와도 비교할 수 있을 만큼 뛰어난 인지 능력을 가졌다고 합니다. 하지만 암돼지는 길이 2미터, 폭 60센티미터의 좁은 공간에서 3~4년 동안 인공수정과 출산을 반복하다 번식력이 떨어지면 도축됩니다.

비좁은 우리에서 사육되는 돼지는 돌아다닐 수도 없고 따로 배설 장소도 없어 배설물 위에서 살아갑니다. 돼지는 땀구멍이 없어 체온이 올라가면 진흙을 묻혀 체온을 낮추는데 진흙이 없으니 배설물을 온몸에 바릅니다. 돼지가 더러운 것은 인간이 좁은 우리에 가두었기 때문이지요. 이런 환경에서 자라는 돼지는 심한 스트레스로 다른 돼지의 꼬리를 이빨로 잘라버리는 이상 행동을 보이기도 합니다.

육식이 주식인 유럽에서는 동물 복지 향상을 요구하며 동물 복지와 관련한 법률과 규제를 강화하고 있습니다. 우리나라도 동물복지인증제도를 실시하고 있습니다. 농장 동물들이 본래 습성을 유지할 수 있는 사육 환경을 제공하고 스트레스와 불필요한 고통을 최소화하는 등 농장 동물의 복지 수준을 향상시킨 농장에만 인증을 해주는 제도이지요. 여기서는 동물들이 자유로운 환경에서 건강하게 자라기 때문에 일반 축산물보다 영양이 높고 질병에 대한 면역력이 높아 항생제 등 약품 섭취가 낮습니다.

1993년 농장동물복지위원회(FAWC)에서 제안한 '5대 자유'는 갈증·배고픔 및 영양 결핍으로부터의 자유, 불편함으로부터의 자유, 고통·상처 및 질병으로부터의 자유, 정상적인 행동을 표현할 자유, 두려움과 스트레스로부터의 자유입니다. 유럽연합을 비롯한 선진국에서는 자유무역협정(FTA)을 통해 동물 복지에 대한 압력을 행사하고 있습니다.

―――

불교에서 삶과 죽음을 되풀이하며 사는 존재를 중생(衆生)이라고 합니다. 이를 유정(有情)이라고도 하는데 감정을 가지고 있는 존재를 말합니다. 곧 고통과 즐거움을 느낄 수 있는 존재라는 말입니다. 동물은 감정을 가지고 있습니다. 도살장으로 들어

가며 눈물 흘리는 소를 본 적이 있으신가요?

부처님은 인간을 비롯한 모든 생명의 이익을 위하고 이들이 행복하기를 바라고 세상을 연민했습니다. 부처님은 행복한 삶을 누리는 과보에 대해 이렇게 말씀하셨습니다.

> 죽음과 해침과 두려움을 생생히 알아
> 남을 죽이는 걸 하지 않았나니
> 그런 선행에 의해 천상에 가서
> 선업의 결실과 과보를 누렸노라.
>
> ─《디가 니까야》30 삼십이상경

> 손이나 몽둥이나 흙덩이나
> 무기나 죽음의 괴롭힘이나
> 밧줄이나 협박으로 중생들을 해코지하지 않아
> 그는 좋은 곳에 태어나 기쁨을 누렸으며
> 행복한 결실을 얻었노라.
>
> ─《디가 니까야》30 삼십이상경

불교에서는 하늘의 신, 인간, 아수라, 아귀, 동물, 지옥을 번갈아 가며 태어난다는 윤회를 이야기합니다. 형태만 다를 뿐 우리는 폭력을 두려워하고 죽음을 무서워합니다.
생명을 가진 모든 존재도 마찬가지로 폭력을 두려
워하고 죽음을 무서워합니다. 자신에 견주어 살아
있는 모든 존재들이 고통에서 벗어나 행복하기를
바라는 마음이 바로 자비심입니다.

모두 한 생명체입니다. 이생의 인간이 다음 생에 동물로 태어날
수도, 이생의 동물이 다음 생에 인간으로 태어날 수도 있습니
다. 그러므로 《화엄경》에서는 "모든 중생은 모두 같은 뿌리임을
잘 알아야 한다"고 했습니다.

　우리는 폭력을 두려워하고 죽음을 무서워합니다. 생명을 가
진 모든 존재도 마찬가지로 폭력을 두려워하고 죽음을 무서워
합니다. 자신에 견주어 살아 있는 모든 존재들이 고통에서 벗
어나 행복하기를 바라는 마음이 바로 자비심입니다. 자비를 실
천하는 것이 바로 불자의 삶입니다.

아름다운 삶의 방식

로드 킬,
길 위에서 죽는 동물들

차를 운전하다 보면 도로 위에 고양이, 개, 노루, 삵, 너구리 등이 차에 받혀 죽은 것을 자주 보게 됩니다. 이렇게 동물들이 도로를 건너다 차에 치어 목숨을 잃는 것을 로드 킬(road kill)이라고 합니다.

환경부에 따르면 2017년도 일반 국도에서 발생한 로드 킬은 1만 5,436건이라고 합니다. 하지만 이것은 큰 동물의 경우로 신고 처리된 건수가 그렇다는 얘기입니다. 한 해 약 30만 마리의 야생동물이 도로에서 숨지고 있다고 합니다. 사실 로드 킬의 피해자는 동물만이 아닙니다. 도로에 갑자기 나타난 동물을 피하려다 차가 뒤집히고, 급정거를 하다 추돌을 당하기도 하는 등 사람들의 피해도 상당히 큽니다.

로드 킬의 원인은 많습니다. 먼저 산과 들을 가로지르는 도로 건설로 인해 야생동물의 서식지를 파괴한 탓입니다. 동물들에게는 그들이 다니는 길이 있습니다. 그런데 사람들이 도로를 내어 동물들의 길이 차단된 것을 동물들이 미처 인식하지 못하고 자신들의 길로 가다 자동차에 치이는 것이지요. 특히 동물들은

아름다운 삶의 방식

야간에 달려오는 자동차의 강한 불빛을 받으면 피하지 못하고 제자리에 얼어붙는 습성이 있어 사고를 피할 수 없습니다.

무분별한 등산로 개발로 삶의 보금자리를 위협 받거나 사냥개나 총으로 밀렵을 당하면 야생동물들은 서식지를 버리고 다른 곳으로 이동하면서 로드 킬을 당합니다. 사람들이 도토리나 식물을 무분별하게 채취하면 야생동물들은 먹이를 찾아 서식지 밖으로 이동하다가 로드 킬을 당합니다. 과속으로 도로를 달리는 자동차들은 야생동물이 튀어나오는 것을 미처 발견하지 못하고 치게 됩니다.

길 위에는 눈에 잘 띄지 않는 작은 생명들도 많이 죽어 있습니다. 오래전 생명평화탁발순례단을 따라 길을 걸어본 일이 있습니다. 길을 걸으며 발아래를 바라보니 뱀·개구리·지렁이·풍뎅이 등 수많은 생명체가 죽어 있었습니다.

 생명평화탁발순례단

생명평화 정신을 바탕으로 삶의 문화를 가꾸는 대중 운동의 하나이다. 2004년 3월 1일 생명평화탁발순례단은 도법스님을 단장으로 탐욕과 증오심으로 가득 찬 세상에 생명과 평화의 메시지를 전하기 위해 지리산 노고단에서 출발해 5년 동안 3만 리를 걸으며 전국을 순례했다. 도법스님은 그 길에서 약 8만여 명을 만났고, 그들과 토론과 소통을 통해 생명평화의 가치를 나누었다.

부처님은 출가 수행자들에게 비가 오는 우기철에는 돌아다니지 말고 동굴이나 사원에 들어앉아 수행하라고 하셨습니다. 그 기간 동안에 외출을 하면 자기도 모르게 초목이나 작은 벌레를 밟아 죽일 수도 있기 때문입니다.

로드 킬과 함께 조류 충돌(bird strike)도 새롭게 떠오르는 생태 문제 가운데 하나입니다. 조류 충돌이라 하면 운행 중인 비행기가 새 떼와 부딪히는 것을 말했습니다. 요즘에는 야생 조류가 투명 유리창에 충돌하는 것도 조류 충돌이라고 합니다.

사계절이 있는 우리나라는 출입문과 창문을 크게 내지 않았습니다. 출입문과 창문은 빛을 받아들여 밝게 하지만 창이 너무 크면 여름엔 덥고 겨울엔 춥기 때문입니다. 출입문도 마름을 설치하여 크기를 작게 하고 서쪽으로는 창을 내지 않았습니다.

아름다운 삶의 방식

그러나 일조량이 적은 서양에서는 가능한 한 햇빛을 많이 받을 수 있도록 집을 지었습니다. 유리가 발달한 서양에서는 건물의 외벽을 유리로 마감하는 건물을 많이 지었습니다. 아예 유리로 외벽을 감싼 현대 건축물도 많지요.

우리나라도 건물 전체를 유리로 감싼 건물을 짓고 아파트도 전망을 살린다며 베란다에 대형 유리창을 냅니다. 사실 유리로 감싼 건물은 보기에는 좋을지 모르나 여름엔 덥고 겨울엔 추워서 냉난방비가 많이 들어 비효율적입니다. 유리벽을 두른 건축물은 이처럼 친환경적이지 못하고 새들에게도 목숨을 앗아가는 위험물입니다. 밤에 이동하는 참새류나 해양성 조류는 건물의 밝은 조명에 의해 방향을 잃고 헤맬 수 있습니다. 일부 조류는 인공조명에 방향을 잃고 그 주변을 헤매다 구조물에 충돌해 목숨을 잃기도 하지요. 연구 결과를 보면 매년 미국에서만 수억 마리 조류가 건물 외벽 유리와 충돌해 죽는다고 합니다.

최근 들어 새들이 충돌로 목숨을 많이 잃는 곳은 유리 방음벽입니다. 주거지와 인접한 고속도로나 국도에 소음 방지벽이 설치되어 있습니다. 예전에는 소리를 흡수하는 소재가 들어간 불투명 방음벽이었습니다. 그런데 언젠가부터 투명한 방음벽으로 재질이 바뀌었습니다. 이는 주민들이 경관에 방해가 된다며 민원을 제기했기 때문입니다. 그 뒤로 유리 방음벽을 인식하지 못한 새들이 날아가다 유리벽에 부딪혀 목숨을 잃는 일이 많이 발생합니다. 새들이 사는 산은 케이블카, 골프장, 리조트 건설 등으로 파괴되고 서식지에서 쫓겨난 새들은 유리 건축물과 유리 방음벽에 목숨을 위협 받고 있는 것입니다.

———

《보살본생만론》에는 부처님이 전생에 시비왕일 때 비둘기를 구한 이야기가 나옵니다. 비둘기 한 마리가 날아와 시비왕께 숨겨 달라고 하지요. 시비왕은 그 비둘기를 숨겨줍니다. 잠시 후 매가 와서 "혹시 이곳에 온 비둘기를 못 봤습니까?" 하고 묻자 시비왕은 살생을 그만두라고 설득합니다. 그러자 매는 "비둘기의 생명만 중요하고 굶어죽는 내 생명은 소중하지 않느냐?"고 따집니다.

시비왕은 비둘기를 대신해 자신의 고기를 그만큼 주겠다고 매에게 말합니다. 시비왕은 자신의 왼쪽 허벅지 살을 베어서 저울에 올리고 반대편에 비둘기가 올라가게 합니다. 저울이 비둘기 쪽으로 기울자 시비왕은 오른쪽 허벅지 살까지 베어서 같이 올립니다. 그런데도 저울은 계속 비둘기 쪽으로 기울었습니다. 시비왕이 직접 저울 위로 올라가자 그제야 저울이 평형을 이루었습니다. 시비왕과 비둘기의 무게가 같다는 이야기지요. 시비왕은 약속대로 자기 몸을 모두 매에게 주었습니다.

시비왕과 비둘기의 무게가 같다는 이 이야기는 모두에게 생명은 똑같이 소중하다는 가르침을 일깨워줍니다. 인간은 하루가 다르게 새로운 물질을 만들어내지만 동물은 느린 속도로 환경 변화에 적응합니다. 인간이 이익과 편리를 위해 만든 인공물에 동물은 목숨을 잃습니다.

우리 몸을 해치는
화학물질

우리 일상생활을 편리하게 해주는 생활용품에는 환경호르몬이 들어 있습니다. 환경호르몬이란 환경 중에 배출된 화학물질이 생물체에 들어와 마치 호르몬처럼 작용한다고 해서 부르는 이름입니다. 1997년 5월 일본 학자들이 NHK 방송에 출연해 "환경 중에 배출된 화학물질이 생물체 내에 유입되어 마치 호르몬처럼 작용한다"고 해서 환경호르몬이라 부르게 되었지요. 학술 용어로는 내분비계 교란 물질이라고 합니다.

호르몬을 분비하는 내분비선의 활성은 신경계 및 호르몬들을 표적 기관으로 수송하는 순환계와 긴밀한 상관관계를 갖고 있습니다. 내분비계에서 만들어진 호르몬은 혈액을 통해 체내를 순환하면서 세포, 조직에 필요한 정보 및 신호를 전달합니다. 따라서 내분비계는 영양, 대사, 분비 활동, 외부 자극에 대한 반응, 성장·발육, 생식에 대한 조절, 체내 에너지 생산·이용·저장 등 우리 신체에 필요한 모든 중요한 기능에 관여합니다.

외부에서 들어온 화학물질이 몸 안으로 들어와 마치 호르몬처럼 작용하면 정상적인 호르몬 분비와 전달에 이상을 일으켜 매우 위험합니다. 환경호르몬의 영향으로 호르몬 분비가 불균형해 남자도 여자도 아닌 중성으로 태어나거나 자라면서 중성화 현상을 보이기도 합니다. 생식 능력이 저하되거나 생식기관 기형을 가져올 수도 있습니다. 남성의 경우에 발기부전, 무정자증, 전립선암, 성욕 감소, 혈당 불균형, 심장 이상을 가져오지요. 여성의 경우에는 난소낭종, 자궁내막증, 다낭성 난소증후군, 불임 등을 가져오고, DNA를 파괴해 기형아를 출산하기도 합니다.

쓰레기를 소각할 때 나오는 다이옥신은 베트남 전쟁에서 쓰인 고엽제 성분이기도 합니다. 플라스틱 용기·음료 캔·병마개·마트 영수증에 사용되는 비스페놀A, 합성세제에 사용되는 알킬페놀, 컵라면 용기에 사용되는 스티렌, 폐건전지에서 나오는 수은, 치아 치료에 사용되는 아말감, DDT 농약 등이 대표적인 환경호르몬입니다.

환경호르몬은 전 세계적으로 생물종에 위협이 될 수 있는 물질로 지구온난화, 오존층 파괴와 함께 세계 3대 환경 문제 가운데 하나입니다. 인간이 만든 화학물질이 얼마나 무서운 결과를 가져오는지는 수없이 겪었습니다. 가장 대표적인 게 DDT입니다. 이 화학물질은 1939년에 스위스 화학자 파울 뮐러(Paul Hermann Müler, 1899~1965)에 의해 처음 만들어졌는데, 곤충에 미치는 강력한 독성 때문에 제2차 세계대전 당시 여러 곤충으

아름다운 삶의 방식

로 인해 일어나는 질병 구제에 사용되었습니다. 전쟁이 끝난 뒤에는 농작물을 해치는 벌레들을 없앤다고 숲과 들에 마구 뿌려졌습니다.

미국의 해양생물학자 레이철 카슨은 1962년 《침묵의 봄》을 출판해 DDT의 위험성을 전 세계에 널리 알렸습니다. 그러나 화학업계와 대농장 주인과 과학 단체는 언론을 통해 진실을 은폐하려 했습니다. 1963년 존 F. 케네디 대통령이 살충제의 사용 실태를 조사하라고 지시했고, 미국 암연구소에서 DDT의 암 유발 증거를 제시함으로써 DDT를 더 이상 사용하지 못하게 했습니다. 이러한 DDT도 처음에는 인간에게 어떠한 피해도 입히지 않는 것으로 여겨졌습니다.

2006년 2월 한두 살 먹은 아이들 십여 명이 이전에 보지 못했던 급성 폐질환으로 입원했다가 70~80%가 상태가 급격히 나빠져 목숨을 잃는 일이 벌어졌습니다. 이후에도 이런 일들이 일어났지만 역학 조사를 하지 않고 그냥 넘어갔습니다. 그러다 2011년 4월 서울아산병원이 "중환자실에 중증 폐렴 임산부가 갑자기 늘어나고 사망자가 발생하자 비로소 역학 조사를 통해 8월에 일어난 원인 미상의 폐손상은 가습기 살균제가 원인으로 추정된다"고 밝혔습니다. 1994년부터 2011년까지 판매한 가습기 살균제를 사용한 사람들에게 기도 손상, 기침, 호흡곤란

인간이 만들고는 "인체에 무해하고 안전합니다"라
고 광고하지만 지금까지 알려지지 않은 예상치 못
한 위험과 부작용은 있게 마련입니다.

등의 폐 손상 증상이 나타나고, 이로 인해 임산부·영유아·노
인 등이 사망한 것입니다. 가습기 살균제 피해자는 2016년 5월
기준 사망 266명을 포함해 최대 227만 명에 이른다고 합니다.

1994년 SK케미칼(당시 유공)은 '가습메이트'라는 상품을 내놓
으며 "물에 첨가하면 질병을 일으키는 각종 세균을 완전히 살
균해준다" "세계 최초" "인체에는 전혀 해가 없는 것으로 조사
됐다" 등의 광고를 했습니다. 이후 옥시·롯데마트·애경·이마
트·홈플러스 등 많은 회사에서 유사 상품을 만들어 판매했습
니다.

2009년 신종 인플루엔자가 대유행한 이후 위생 관념이 철저
해지고 세균에 대한 혐오증이 생겨나면서 오히려 가습제 살균
제 사용량이 늘어나 피해를 키웠습니다. 그래서 이것을 인공 화
학제품에 대한 무지와 허위 과대광고에 대한 맹신과 세균에 대

아름다운 삶의 방식

한 반사적인 거부 반응이 불러온 인재(人災)라고 하는 것입니다.

———

인간이 인위적으로 만든 것은 완전할 수 없고 영원할 수 없습니다. 《금강경》에서는 "모든 유위법(有爲法)은 꿈·환상·물거품·그림자·이슬·번개와 같다고 관찰해야 한다"고 이야기합니다. 유위법이란 인연으로 생기고 변화하고 사라지는 것들을 말하며, 인간이 조작해 만든 것들이 여기에 속합니다. 인간이 만들고는 "인체에 무해하고 안전합니다"라고 광고하지만 지금까지 알려지지 않은 예상치 못한 위험과 부작용은 있게 마련입니다. 이에 비해 무위법(無爲法)은 인간이 만든 것이 아닌 자연 그대로를 말합니다. 자연이 우리에게 주는 것은 오랜 세월을 거치며 안전과 건강을 경험하여 믿을 수 있습니다. 우리가 자연이 주는 자원을 이용해 만든 친환경 제품을 사용해야만 하는 것은 이 때문입니다.

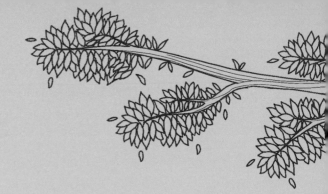

part. 3

환경을 위해

우리가 해야 할 일

지속 가능한 미래를 위해

●

　　1967년 문명사학자 린 화이트(Lynn White Jr., 1907~1987)는 문명사적 관점에서 환경 파괴의 문제를 생생하게 파헤친 '생태계 위기의 역사적 기원'을 과학 저널 《사이언스》에 기고했습니다. 1972년 로마클럽은 '성장의 한계' 보고서를 세상에 내놓았지요. 보고서는 당시 인류가 심각한 곤경에 빠졌다고 했습니다.

　　이듬해인 1973년 독일 태생의 영국 경제학자인 에른스트 슈마허(Ernst Schumacher, 1911~1977)는 인간의 욕망을 제한하지 않고서 인류는 결코 지속적인 성장, 아니 생존을 할 수 없다고 갈파했습니다. 슈마허는 저서 《작은 것이 아름답다》를 통해 제2차 세계대전 이후 대량생산에 의한 대량소비로 세상이 재편되면서 자연이 수용할 수 있는 한계를 넘어서는 인간의 끝없는 욕망을 성찰했습니다. 인간이 자연과 공존하지 않고서는 결코 인간답게 살 수 없으며 그러기 위해서는 인간도 자연의 일부임을 인정해야 한다고 말입니다.

　　50년 가까운 시간이 흐른 지금 당시의 예측 대부분이 예언처럼 맞아떨어지고 있습니다. 오늘날 세계는 경제 위기와 마이

너스 성장의 그림자가 길게 드리워져 있습니다. 마이너스 성장이 정말 위기를 가져올까 생각해봅니다.

현재 인류는 인류 역사상 전무후무한 풍요를 누리는, 매우 비정상적인 시대를 살고 있습니다. 공급이 수요를 넘어서는 시대를 맞이했으니까요. 비정상적인 시대가 100여 년 동안 가능했던 까닭은 화석연료가 떠받쳐주고 지구가 우리의 폐기물을 거둬줄 만큼 용량이 가능했기 때문입니다. 지구 자원을 무제한 꺼내어 필요를 만들어가며 무제한 소비를 하고 폐기물을 무제한 남기고 있는 이 시대가 정상일 수는 없습니다. 이제 무제한 폐기했던 것으로 인해 역공을 받기에 이르렀습니다.

지금 인류는 매우 중대한 기로에 서 있습니다. 우리가 어떤 행동과 실천을 하느냐에 따라 큰 파국을 면할 수도 아닐 수도 있습니다. 비정상에서 정상으로 되돌리는 과정에서 인류는 엄청난 고통을 감수할 수밖에는 없습니다. 만약 우리 안에 자리한 욕망에 휘둘리지 않고 주인 된 삶을 살아내는 연습을 시작한다면 다가올 고통의 크기를 줄일 수 있지 않을까요? 성장에는 한계가 있고 우리 욕망에는 한계가 없다는 것은 명백한 사실이니까요. 자, 이제 우리는 어떤 삶의 방식을 택해야 할까요?

식·의·주 생활에서 소박하지만 작은 변화를 꾀하는 삶의 방

아름다운 삶의 방식

식을 제안합니다.

먼저, 소박한 식단으로 남김없이 먹습니다.

식당에서는 먹지 않을 반찬은 미리 말해서 식탁에 두지 않습니다.

맛난 반찬을 더 달라고 말하기 전에 남아 있는 반찬을 먹습니다.

제철 식재료 사용으로 불필요한 화석연료 소비를 줄입니다.

외국에서 수입하는 과일보다 국내에서 생산되는 과일을 먹습니다.

가능하면 화학섬유보다 천연소재 옷을 입습니다.

싸게 사서 짧은 시간 입다 버리는 옷은 구매하지 않습니다.

새 옷을 사기보다 나눠 입고 바꿔 입습니다.

동물의 고통으로 만들어진 옷은 입지 않습니다.

겨울에는 좀 선선하게, 여름에는 조금 덥게 지내는 것을 생활화합니다.

쓰레기 분리 배출은 이물질 없이 깨끗이 씻어 말려서 배출합니다.

포장재가 많은 제품은 가능하면 구매하지 않습니다.

생수병 대신 물병을 가지고 다닙니다.

일회용품 사용을 줄이는 방법을 실천합니다.

여기에 더해서 생태적 관점에 무게중심을 둔 보시, 지계, 인욕, 정진, 선정, 반야바라밀을 날마다 실천하는 삶을 살아야 합니다. 이런 삶이야말로 지혜로운 삶, 생태적인 삶이며 부처님 가르침을 실천하는 삶이기 때문입니다.

식食

식당작법(食堂作法)

식당작법은 공양 때 행해지는 식사 의식으로 부처님께 올린 음식을 중생들과 같이 나누어 먹고 부처님의 은덕을 공유하는 의미를 가지고 있습니다. 스님들이 공양할 때 사용하는 수저집 안에는 작은 티스푼이 있습니다. 공양 전에 각자 밥을 조금씩 떠서 덜어놓았다가 공양이 끝나면 모아서 바깥에 내놓습니다. 헌식대 위에 놔두면 오가는 들짐승 날짐승들의 공양이 됩니다. 모두가 연결된 인드라망 안에서 살아가는 작은 실천입니다.

공양게, 더불어 사는
세상으로 가는 밑거름

이래저래 남겨져 쓰레기가 되는 음식물의 양은 환경부 자료 기준으로 연간 500만 톤입니다. 음식물 쓰레기는 남겨지는 것으로 끝나는 문제가 아닙니다. 어떤 식으로든 처리해야 하는 비용이 또 발생합니다. 한 해 음식물 쓰레기를 처리하기 위해 들어가는 비용이 약 8,000억 원가량이라고 합니다. 음식물 쓰레기는 이렇게 많은 양이 버려지고 또 이것을 처리하기 위해 엄청난 비용을 치르게 됩니다.

저 돈으로 할 수 있는 것들을 생각해봅니다. 돈이 없어 의료 보험료를 내지 못해 아파도 병원에 갈 수 없는 사람들에게 얼마나 고맙게 쓰일 수 있을까요? 허리가 구부러진 어르신들이 더 이상 폐지를 줍지 않아도 다달이 일정 부분의 생활 자금을 보태는 데 쓰인다면 얼마나 귀할까요? 음식물 쓰레기 처리 비용으로 쓰이는 돈이 교육과 복지 예산 등에 쓰인다면 얼마나 많은 사람들에게 반가운 혜택으로 돌아갈까 생각해보면 이만저만한 낭비가 아닙니다. 이뿐 아니라 버려진 음식물은 생태계를 오염시킵니다.

음식물 쓰레기가 자꾸 늘어나게 된 배경에는 몇 가지 이유가 있습니다. 가공식품이 대세이다 보니 가공 단계에서 버려지는 것이 너무나 많습니다. 먹을거리가 상품이 되어야 하니 규격이 정해지게 되고 그 규격에 맞지 않으면 생산지에서 폐기되는 경우도 많습니다. 가령 못생긴 과일이나 채소의 경우가 그렇습니다.

1인 가구의 증가가 음식물 쓰레기를 늘리는 데 기여한다는 통계치도 있습니다. 또 외식 산업 증가와 음식물 쓰레기 증가에도 비례 관계가 있습니다. 집에서 밥상을 차릴 때는 아침에 미처 못 먹은 반찬은 점심때, 그 다음 날에도 두었다 먹을 수 있지만 식당에서는 한번 상에 올렸다 남겨진 음식은 곧장 쓰레기가 될 수밖에 없습니다.

식당에서 밥을 먹고 일어날 때 남겨놓은 음식들로 돌아 나오는 발걸음이 무거울 때가 많습니다. 알뜰히 먹는다고 해도 처음부터 좋아하지 않는 반찬들은 젓가락 한 번 대지 않아 고스란히 남게 마련입니다. 여러 사람이 같이 가서 먹을 때는 맛있는

 음식을 만드는 공간, 부엌

음식을 만드는 공간, 부엌에서 요리를 할 때는 주의심을 갖고 한다. 무슨 일을 하든지 호흡을 따르면서 하고 있는 일에 집중하면서 편안하고 고요하게 한다. 말은 되도록 삼가고 다른 사람을 배려하면서 하면 부엌 역시 명상을 위한 공간이 될 수 있다.

반찬은 몇 번이고 더 달라고 해서 먹지만 인기 없는 반찬은 그대로 남겨집니다. 네 사람이 들어가서 음식을 시킬 때는 세 사람분만 시키면 남김없이 알뜰히 먹을 수 있습니다. 그러나 체면 때문에 못 하는 사람들도 있고, 또 많은 경우 식당에서는 사람 수대로 주문하는 것을 요구하기도 합니다.

그렇게 남은 것들은 좀 전까지 음식이었지만 곧바로 쓰레기가 되어버립니다. 마트에서 장을 보는 것과 음식물 쓰레기 발생량에도 상관관계가 있다는 생각이 듭니다. 마트에서 장을 보다 보면 계획에 없던 것들을 사게 됩니다. 특히 할인하는 품목은 사두면 언젠가는 필요할 것 같고 돈도 절약되는 것 같다는 생각에 덜컥 구매하곤 합니다. 그러고는 까맣게 잊고 지내다 어느 순간 유통기한이 지난 음식들은 그대로 쓰레기가 됩니다.

줄여보자고 마음먹으면 실천할 수 있는 방법이 생깁니다. 지구 저편에서는 세상의 절반이 굶주리는데 우리는 음식물이 쓰레기가 되는 일이라도 막아야 하지 않을까요? 만든 이의 정성을 생각하고 스스로 참회하며 욕심을 내려놓는 마음으로 음식을 대하는 〈공양게〉는 오래된 미래입니다. 내 앞에 놓인 음식이 어디서 왔는가에 대한 성찰로 시작하는 〈공양게〉에는 밥 한 공기를 이룬 만물의 노고에 감사하는 마음이 깊이 새겨져 있습니다.

비록 오늘 이 음식을 먹는 나의 수행은 부족하지만 이 음식을 약으로 알고 먹으며 소중한 일에 이 몸이 쓰이도록 하겠다는 다짐은 언제 보아도 거룩합니다. 〈공양게〉의 의미를 생각하며 음식과 관계 맺기를 잘하는 일은 더불어 사는 세상으로 가는 중요한 토대가 될 수 있습니다.

◉ 공양 전 발원문

한 방울의 물에도 천지의 은혜가 스며 있고
한 톨의 곡식에도 만인의 노고가 담겨 있습니다.
정성이 깃든 음식으로 이 몸을 길러
몸과 마음을 바로 하고 청정하게 살겠습니다.

◉ 공양게

이 음식이 어디서 왔는가.
내 덕행으로 받기가 부끄럽네.
마음의 온갖 욕심 버리고
육신을 지탱하는 약으로 알아
깨달음을 이루고자 공양을 받습니다.

아름다운 삶의 방식

● 그러면 어떤 대안이 있을까요?

● 공양 전에 공양게를 암송하면서 공양게에 담긴 뜻을 나 자신에게 일깨워줍니다.

● 식당에서 밥을 먹을 때 먹지 않을 반찬은 미리 치워 달라고 합니다.

● 맛난 반찬을 더 달라고 하기 전에 아직 남아 있는 반찬을 먹습니다. 맛난 것만 먹고 싶어 하는 욕구를 세밀히 관찰하는 것도 식사 시간에 할 수 있는 좋은 수행입니다.

● 그래도 남은 음식은 싸 가지고 옵니다. 바깥에서 음식을 먹는 경우가 자주 있으면 빈 통을 하나쯤 갖고 다니도록 합니다.

● 먹을 수 있는 만큼 반찬을 조리해 남김없이 먹습니다.

● 부엌에서 나오는 젖은 음식물 찌꺼기는 볕에 말려서 퇴비나 생활 쓰레기로 배출하면 음식물 쓰레기량을 줄일 수 있습니다. 밥 등 곡물 찌꺼기는 말려두었다가 먹이가 부족한 겨울에 산행할 때 날짐승 들짐승들에게 주면 동물들에게 요긴하게 쓰일 뿐 아니라 온전히 순환시킬 수 있습니다.

● 마트에서 식료품을 구입할 때는 바로 먹을 거라면 유통기한이 얼마 남지 않은 것부터 구입합니다. 유통기한이 지난 식료품은 그대로 폐기 처분되므로 음식물 쓰레기를 줄이는 한 방법이 될 수 있습니다.

나무젓가락과
팜유 그리고 숲

팜유는 야자나무 열매를 짜서 얻는 기름입니다. 간식으로 또 간편하게 끼니를 때우기 위해 먹는 라면은 대부분 팜유로 튀깁니다. 세계라면협회(WINA)에 따르면 전 세계에서 일 년 동안 판매되는 라면이 2014년 기준으로 1,002억 7,000여 개라고 합니다. 한 해에 전 세계에서 소비하는 라면의 개수만 봐도 알겠지만 어마어마한 양의 팜유가 라면을 튀기기 위해 필요합니다.

비단 라면만이 아니라 과자, 아이스크림, 립스틱 같은 화장품 등을 만드는 데도 팜유는 중요한 원료입니다. 아마도 우리가 석유 다음으로 일상생활에서 가장 많이 쓰는 기름이 팜유일 것입니다. 팜유를 얻기 위한 야자나무는 주로 말레이시아나 인도네시아에서 재배됩니다. 팜유 수요가 많으니까 팜유 농장도 그에 맞춰 점점 늘어날 수밖에 없습니다. 그러려면 넓은 땅이 필요하고요. 말레이시아나 인도네시아에서 팜유가 주로 생산되는 까닭은 그곳에 원시림이 많기 때문입니다.

원시림을 벌목하고 야자나무를 잔뜩 심은 플랜테이션 농장이 말레이시아와 인도네시아에 상당히 많습니다. 플랜테이션 농장이란 대규모 생산을 위해 단일 작물을 대량으로 재배하는 농장을 말합니다. 숲의 이로움이야 더 이상 언급할 필요도 없습니다. 숲은 우리에게 많은 혜택을 줄뿐더러 많은 생명들이 살고 있는 집이기도 합니다.

인도네시아 보르네오 섬에는 인간과 가장 가까운 유인원 중 하나인 오랑우탄이 살고 있습니다. 최근 20년 사이에 보르네오에 살고 있는 오랑우탄이 전체 개체수의 절반에 해당하는 10만 마리 이상 줄어들었다는 연구 결과가 나왔습니다. 이렇게 오랑우탄이 감소하는 주원인으로 숲의 벌목을 꼽습니다. 오랑우탄은 숲이 있어야만 살 수 있기 때문에 숲이 사라지는 것과 비례해 개체수가 줄어들고 있는 것입니다.

인도네시아 파푸아와 북말루쿠 지역에서는 팜유 농장을 만들기 위해 대규모로 숲이 벌목되고 불법으로 불을 질러서 숲이 불타는 일이 계속 벌어지고 있습니다. 파푸아섬은 인도네시아에서 천연 열대우림이 가장 넓게 분포하는 곳입니다. 그곳에는 희귀 식물과 나무캥거루 등 다양한 생물들이 살고 있습니다. 라면을 먹는 일도, 샴푸를 사용하는 일도 모두 생명과 관련 없는 것이 없습니다. 정말 모든 것이 연결되어 있는 인드라망이라는 것을 실감케 합니다.

우리나라 식목일은 4월 5일로 1946년에 정해졌습니다. 일제

아름다운 삶의 방식

강점기 동안 일본이 우리나라 숲에서 나무를 엄청나게 베어 갔습니다. 해방이 되고 보니 우리 산이 너무나 헐벗어 있었습니다. 숲은 물을 머금고 물을 보내주는 곳인데 산에 나무가 없으니 비만 내리면 곧바로 홍수가 나고 비가 내리지 않으면 그대로 가뭄이 들 수밖에 없는 지경에 이른 것입니다.

특히 우리나라는 산이 가파르고 강 길이가 비교적 짧은 지형적 특징 때문에 치산치수를 잘해야 합니다. 그러려면 가장 중요한 것이 바로 숲이지요. 숲의 나무가 이 모든 일을 다 해주기 때문입니다.

일제강점기에서 해방이 되고 나서 채 몇 년 지나지 않아 이번에는 한국전쟁이 일어납니다. 또 한 번 산은 홍역을 치릅니다. 전쟁이 끝나자 사찰 숲과 몇몇 마을 숲을 제외하고 온 국토가 완전히 민둥산이 돼버렸습니다. 당연히 산림녹화가 절실히 필요했습니다. 땔감으로도 목재로도 쓰지 못하게 숲을 관리하면서 그렇게 30년쯤 지나고 나니까 우리 강산이 다시 푸르게 되었습니다.

숲이 울창해야 강물이 마르지 않습니다. 산이 푸르다고 표현하지 않고 강산이 푸르다고 표현하는 것은 바로 이런 이치 때문입니다. 그런데 한 가지 의문이 들지 않으신가요? 대체 가구를 만들고 집을 짓는 데 필요한 나무는 어떻게 구했을까요? 인도네시아 보르네오섬과 말레이시아, 필리핀 등에서 값싼 원목을 수입해다 쓰면서 우리 산을 보호한 것입니다. 결국 우리는 산림녹화에 성공했지만 그 대신에 동남아시아의 열대림이 훼손된 셈이지요.

동남아시아의 숲은 다른 나라 사람들이 쓰는 목재를 대느라 사라졌고 지금은 라면이며 과자, 화장품 등을 만드는 데 필요한 팜유를 생산하느라 또 숲이 사라지고 있습니다. 숲이 사라지면서 그 숲에 살고 있는 동물들도 살 곳을 잃고 사라지고 있습니다.

게다가 인구가 꾸준히 증가하고 소비가 늘어나면서 지구 온도도 계속 올라가는 중입니다. 지구의 기온이 상승하는 데에는 여러 이유가 있겠지만 그 가운데 숲이 사라지는 것도 일정 부분 기여를 합니다. 숲이 있어야 대기 중 온실가스도 흡수하고 활발한 증산 작용 등으로 기온을 낮추는 역할도 할 테니까 말이지요.

숲이 울창해야 강물이 마르지 않습니다. 산이 푸르다고 표현하지 않고 강산이 푸르다고 표현하는 것은 바로 이런 이치 때문입니다.

○ ○ ●

아름다운 삶의 방식

또 한편 팜유 열매를 따다가 기름을 짜고 팜유가 필요한 여러 나라로 실어 나르고 그곳에서 공장으로 운반해서 라면을 튀기고 과자를 만들고 화장품을 만드느라 쓰이는 에너지는 얼마나 많을까요? 그 에너지를 쓰며 배출하는 온실가스는 또 얼마나 증가할까요? 오랑우탄이 계속 살 수 있는 숲을 그대로 내버려두면 좋겠다는 생각을 해봅니다. 그리고 오랑우탄의 생존과 우리 삶이 굉장히 가깝게 연결되어 있는 것을 느낍니다.

———

숲이 사라지는 데에는 팜유뿐만 아니라 육식, 종이 소비며 나무젓가락에 이르기까지 다양한 이유가 있습니다. 길어야 10분이 채 안 걸리는 시간 동안 쓰이기 위해 적어도 20년을 자랐을 나무를 상상해봅니다. 어린 씨앗에서 우여곡절 끝에 나무로 우뚝 솟아올라 자라기 시작할 때의 그 경이로움을 상상할 수 있으신가요? 씨앗 한 알에서 싹이 터서 아름드리나무로 자랄 확률이 얼마나 될까요? 어쨌든 나무가 씨앗을 굉장히 많이 만드는 것을 보면 그 확률은 아주 낮아 보입니다.

나무가 자라기 위해서는 씨앗이 너무 깊지도 얕지도 않게 흙 속에 묻혀야 하고 적절한 물과 볕이 있어야 합니다. 또 싹이 트는 동안 동물이든 누구든 그 싹을 밟으면 그것으로 끝장입니다. 그러니 몇 년이고 줄기를 키워 올려 우뚝한 나무가 되기 전에 사라지는 어린 나무들은 또 얼마나 많을까요? 그 모든 험난한 여정을 거쳐 20년을 커운 어떤 나무가 채 10분도 쓰이지 못하고 쓰레기통에 처박히며 일생을 마감합니다. 나무젓가락을 이토록 쓸모없는 물건으로 만드는 것은 다름 아닌 우리입니다.

● 그러면 어떤 대안이 있을까요?

- 라면, 샴푸, 화장품, 비누 등에 가능하면 팜유가 들어가지 않은 제품을 구매합니다.
- 생활 속에서 1회용품을 사용하지 않겠다는 다짐을 합니다.
- 짜장면 등 배달 음식을 시킬 때에는 나무젓가락을 가져오지 말라고 꼭 일러둡니다.
- 바깥에서 젓가락이 필요할 경우 미리 수저 집에 젓가락을 챙겨서 외출합니다. 갈대 등 일년생 풀로 만든 대안 젓가락을 사용해도 좋습니다.
- 순례 등 사찰 행사가 있을 때는 각자 젓가락을 가지고 오는 것을 의무화합니다.

아름다운 삶의 방식

채식이 지구를 살린다

전 세계적으로 우리가 먹기 위해 사육하는 가축이 얼마나 될까요? 자그마치 세계 인구의 열 배인 600억 마리 정도로 추정하고 있습니다. 인류는 1961년에 7,100만 톤의 고기를 소비했지만 2007년에는 2억 8,000만 톤 이상을 식용으로 소비했습니다. 길에 나서면 주변에 널린 곳이 고깃집인 것만 봐도 가파르게 고기 소비가 증가하는 것이 보입니다.

게다가 이렇게 길러지는 가축 가운데 4억 5,000만 마리가 공장식 축산 시설에서 키워집니다. 공장에서 물건을 생산해내듯 가축들은 오직 우리들의 수요에 걸맞게 살코기, 알, 우유를 생산(?)하고는 생을 마치는 것이지요. 이런 시스템은 소비자들이 더 많은 고기를 더 빨리 그리고 더 값싸게 소비할 수 있는 구조를 만듭니다.

바삭하게 튀긴 치킨을, 아니 지글거리는 삼겹살 로스를 먹는 것이 이러한 가축들의 고통에 기반하고 있음을 알고 먹는 이들이 얼마나 될까요? 그렇다면 채식만을 고집해야 할까요? 육식 자체가 문제라기보다는 이러한 동물의 고통을 알고 먹자는 말

아름다운 삶의 방식

입니다. 그들의 희생이 내 입에 들어온다는 이치를 알게 되면 즐겨 먹을 수는 없습니다. 그 희생을 먹은 대가로 좀 더 가치 있는 일을 하며 살아야 하지 않을까 하는 생각이 들게 마련이지요.

그뿐 아니라 육식은 온실가스 발생에 큰 기여를 합니다. 가축을 먹일 사료를 재배하기 위해 엄청난 숲이 벌목됩니다. 숲이 사라진다는 것은 온실가스 흡수원이 사라진다는 것을 의미합니다. 게다가 소가 뿜어내는 메탄가스는 이산화탄소보다 강력한 온실효과를 지닙니다. 또 쇠고기 1킬로그램을 생산하는 데 2만 톤의 물이 소비된다고 합니다. 이 정도의 물을 얻기 위해서는 자연 상태의 물이 아닌 에너지를 투입해서 얻는 물이 필요하며, 이 역시 온실가스와 깊은 관련이 있습니다.

2018년 여름, 세계 최고 방재 시스템을 갖춘 일본이 물 폭탄을 맞았습니다. 마치 큰 댐이 붕괴되어 물바다가 된 듯한 풍경이었습니다. 예상보다 폭우 피해가 큰 것을 두고 안일한 대응이 피해를 키웠다는 지적이 나왔지요. 실제 그런 면도 있을 것입니다. 주민들에게 제때 피난하도록 지시를 내렸더라면 큰 인명 피해가 나지 않았을 테니까요.

그러나 불가항력적인 자연의 위력을 간과할 수는 없습니다. 당시 일본 기상청 예보과장은 내린 비의 양이 "지금까지 볼 수 없었던 양"이라 했습니다. 이 말을 유념해야 합니다. 습한 공기에 포함된 수증기가 엄청나게 공급되었고 이로 인해 겨우 5일 정도 내린 비의 양이 우리나라 1년 강수량의 1.5배를 넘어섰던 것이지요. 장마전선과 태풍 쁘라삐룬이 일본 남서부 상공에서 만나 오래 정체되어 폭우가 내렸다는 것이 전문가들의 분석입니다.

장마전선이야 해마다 여름이면 형성되는 계절적 특성입니다. 비는 간단히 설명하면 공기 흐름과 수증기 양으로 결정됩니다. 그런데 공기 흐름을 결정짓는 것도 수증기 양을 결정짓는 것도 결국 온도입니다. 좀 더 정확히 말하면 지구 대기의 온도, 해양의 온도인 것이지요. 그리고 이 온도는 배출되는 온실가스 양과 비례해 상승 그래프를 그립니다.

지금과 같은 소비 시대에 기온은 상승할 수밖에 없습니다. 2050년 지구 인구를 90억 명으로 추산하고 있습니다. 엄청난 인구 유입은 지구의 기온이 상승하는 요인 가운데 하나입니다. 그래서 기온 상승을 억제할 다방면의 노력이 더욱 절실합니다.

우리나라 시민들의 기후변화에 대한 인식은 상당한 수준입니다. 그러나 탄소 배출은 세계 7위입니다. 지식만으로 세상은 바뀌지 않는다는 얘기입니다. 2018년 국제 환경단체인 그린피스에서 재미난 캠페인을 진행했습니다. "채소 한 끼, 최소 한 끼." 식습관과 기후변화를 연결한 캠페인이었습니다. 이 캠페인

우리나라 시민들의 기후변화에 대한 인식은 상당한
수준입니다. 그러나 탄소 배출은 세계 7위입니다.
지식만으로 세상은 바뀌지 않는다는 얘기입니다.

과 접점이 되는 삼소가 불교에서는 소중한 전통으로 내려오고
있습니다. 적게[小] 먹고 채소[蔬] 위주로 먹고 많이 웃자[笑]는
의미의 '삼소'가 앞으로 우리 음식 문화를 선도하는 출발점이
되면 좋겠습니다.

　지구 전체에서 배출되는 온실가스 가운데 육류 생산 과정에
서 배출되는 온실가스가 무려 약 14%에 이릅니다. 이 양은 지
구상의 모든 도로 위를 달리는 교통수단에서 배출되는 온실가
스와 맞먹습니다. 1만 명이 단 하루만 고기 없이 살아도 차 한
대가 28만 8,917킬로미터를 운전할 때와 비슷한 탄소 배출을
줄일 수 있고 한 사람이 93년간 쓰기에 충분한 물을 절약할 수
있다고 합니다.

　최근에는 채식주의자라는 뜻의 베지테리언(Vegetarian)에서
육식을 줄인다는 의미의 리듀스테리언(Reducetarian), 엄격한 채

식주의보다는 줄이려 노력하는 유연한 사람이라는 의미의 플렉스테리언(Flextarian)이라는 신조어도 등장했습니다. 영국 록 그룹 비틀스의 멤버인 폴 매카트니는 '고기 없는 월요일'을 제안해 세계적으로 육식 줄이기 캠페인을 진두지휘하고 있습니다. 지구 환경에 육식이 주는 피해가 그만큼 크다는 방증인 셈이지요.

———

절집 공양간의 채식 문화는 이미 오래전부터 내려오고 있습니다. 이 문화가 우리 사회에 확대되었으면 합니다. 이미 갖고 있는 다양한 채식 조리법을 대중적으로 알릴 필요도 있습니다. 그렇다고 채식이 지구온난화에서 온전히 자유로우냐 하면 그렇지만은 않습니다. 한겨울에도 비닐하우스에서 화석연료를 사용해 키운 푸릇한 채소가 넘쳐나는 시대이니까요. 그럼에도 채식은 여전히 육식의 대안입니다.

2016년과 2018년 공교롭게도 날짜까지 일치했던 가을 태풍을 겪으면서 기상청은 우리도 기습적인 폭우를 자주 경험하게 될 것이라 전망합니다. 인명 피해는 물론 도로 등 망가진 시설물 복구 비용까지 치러야 할 고통이 결코 적지 않습니다. 쏟아

아름다운 삶의 방식

지는 비를 보며 하늘을 원망하는 어리석음을 반복해서는 안 됩니다. 원인이 나로부터 비롯된다면 내가 바뀌어야 합니다. 단지 육식만 줄여도 지구의 기온 상승을 어느 정도 억제할 수 있다면 우리의 선택은 분명하지 않을까요?

● 그러면 어떤 대안이 있을까요?

- 식습관은 채식 위주로 합니다.
- 절에 가는 날에는 적어도 육식을 하지 않도록 합니다.
- '고기 없는 하루'를 실천합니다. 일주일에 하루는 채식하는 날로 정합니다. 채식은 곧 생명을 살리는 자비의 실천입니다.
- 고기 없는 하루를 실천하는 일이 수월해지면 날짜를 이틀, 사흘로 점차 늘려봅니다. 일주일 동안 고기 없는 하루를 실천하는 것을 목표로 실천해보아도 좋습니다.
- 가죽으로 만든 제품을 구입하지 않는 것도 채식과 마찬가지로 자비의 실천이라 할 수 있습니다.

- 철마다 특히 많이 나는 채소는 여러 저장 방법으로 갈무리해 두었다가 겨울에 먹던 우리 선조들의 지혜를 빌려 생활에 적용해봅니다.
- 가공식품 대신에 온전한 형태로 식품을 구매하여 조리해 먹습니다.
- 되도록 포장재가 적은 식재료를 선택합니다.
- 소포장보다 큰 포장으로 몇 사람이 어울려 사서 나누면 포장재 쓰레기를 줄일 수 있습니다.

아름다운 삶의 방식

플라스틱 생수병의
불편한 진실

쓰레기통 속에 처박힌 생수병을 볼 때마다 세상에서 가장 깨끗하고 아까운 쓰레기가 생수병이 아닌가 하는 생각을 합니다. 500밀리리터 생수병 하나를 비우는 데는 불과 몇 분이 걸리지 않습니다. 특히 갈증이 나서 마실 때는 매우 짧은 시간 안에 쓰레기 하나가 만들어지는 셈입니다. 깨끗한 물이 담겨 있던 통이 뭔가 더럽혀질 틈도 없이 쓰레기통에 처박히는 플라스틱 생수병을 볼 때마다 아깝다는 생각이 들지 않을 수 없지요.

게다가 생수병은 그저 단순한 생수병이 아닙니다. PET 병이라 불리는 생수병은 석유화학제품입니다. 500밀리리터 페트병 하나를 만드는 데 125밀리리터의 석유가 쓰입니다. 페트병의 4분의 1이나 채울 수 있는 양입니다.

최근 캐나다, 미국, 유럽 등지에서 플라스틱 생수병 판매를 금지하는 법안들이 통과되고 있습니다. 대신에 곳곳에 음수대를 설치해 불편을 최소화하려는 노력을 기울이고 있습니다. 플라스틱 생수병은 휴대하기 편하고 언제 어디서나 물을 마실 수 있다는 큰 장점이 있는데도 왜 그들은 이런 선택을 한 것일까요?

플라스틱 생수병에는 불편한 진실이 몇 가지 숨어 있습니다. 플라스틱이라는 재질의 특성상 장기간 그곳에 내용물을 보관하거나 유통 과정에서 고온에 노출될 경우 환경호르몬이 발생할 수 있습니다.

게다가 생수를 취수하는 곳이 어떠한지, 과연 생수가 깨끗한지에 대해서는 논란의 여지가 많습니다. 우리나라를 포함한 대부분의 나라에서 페트병에 담긴 생수에 대한 규제를 정부 당국이 하지 않고 생수 회사의 자체 검증에 맡겨두기 때문입니다. 정부 당국은 단지 생수업자가 수질 분석을 하는지 점검만 합니다. 반면에 수돗물은 정부 당국이 면밀히 관여하고 있습니다. 어느 것이 더 안전한 물일까요?

생수병이 큰 문제로 떠오른 것은 바로 플라스틱 쓰레기이기 때문입니다. 지구상의 모든 바다는 이미 쓰레기로 가득 차 있습니다. 얼마 전에는 지구상에서 가장 깊은 바다로 알려진 마리아나해구의 해저 1만 미터 아래에서 30년도 더 된 비닐봉지가 발견되었습니다.

칠레에서 5,600킬로미터 떨어진 남태평양의 피트케언군도에 있는 핸더슨섬은 유네스코 세계자연유산으로 지정될 정도로 자연경관이 아름다운 곳입니다. 10년에 한 번 정도 사람이 다녀갈까 싶은 무인도인 그곳에서 날마다 1만 3,000여 개의 쓰레

나의 소비가, 생활습관이 주변 생태계에 어떤 영향
을 끼치는지 매순간 알아차리는 것은 곧 부처님의
가르침을 삶 속에서 실천하는 일입니다.

기가 섬으로 유입되고 3,800만여 개의 쓰레기 더미가 쌓이고
있습니다. 무인도에 저토록 쌓인 쓰레기는 대부분이 우리가 버
린 일회용품이며 주로 플라스틱들이 해류를 타고 쓸려간 것입
니다.

영국 과학청이 작성한 '바다미래통찰보고서'에 따르면, 2015
년 해양 누적 플라스틱은 5,000만 톤이며 10년 뒤인 2025년이
되면 3배인 약 1억 5,000만 톤으로 증가할 것이라고 합니다. 해
양 쓰레기, 특히 플라스틱 쓰레기는 잘게 쪼개져 미세플라스틱
이 됩니다. 미세플라스틱은 작은 생물을 통해 점차 상위 포식
자의 몸으로 전달되어 결국 우리 인간의 몸에 축적됩니다.

이미 우리나라 모든 염전에서 미세플라스틱이 발견되었다는
보고가 있었지요. 그뿐 아니라 지금까지 전 세계 플라스틱 폐
기물의 수입국이던 중국이 수입을 금지하면서 세계 여러 나라

아름다운 삶의 방식

는 쓰레기 대란을 맞았습니다. 더 이상 플라스틱 쓰레기를 매립할 곳도, 처리할 곳도 없어지고 있다는 의미입니다. 바로 이런 이유 때문에 각 나라가 생수병을 금지하는 것이지요.

———

물은 공기와 마찬가지로 우리가 일상생활을 영위하는 데 반드시 필요한 공공재입니다. 《생수, 그 치명적 유혹(Bottled And Sold)》이라는 책에서 세계 최고의 물 전문가인 피터 글렉(Peter H. Gleick)은 생수 회사가 광고에 막대한 비용을 들여서, 생수가 더 안전하고 오히려 엄격히 관리하는 수돗물을 불신하도록 부추겼다고 주장합니다. 그의 주장은 한마디로 생수에 대한 신뢰는 환상에 기반을 둔 것이라는 얘기입니다. 무분별한 지하수 개발로 지하수위가 매년 낮아지면서 하천이 마르는 현상이 심화되고 있습니다. 생수 취수도 그 한 원인으로 꼽히고 있지요.

나의 소비가, 생활습관이 주변 생태계에 어떤 영향을 끼치는지 매순간 알아차리는 것은 곧 부처님의 가르침을 삶 속에서 실천하는 일입니다.

● 그러면 어떤 대안이 있을까요?

- 외출할 때에는 꼭 물통을 챙기는 버릇을 들입니다.
- 곳곳에 음수대가 많이 설치될 수 있도록 관련 기관에 요청합니다.
- 일주일에 적어도 3일은 일회용품에 담긴 음료를 마시지 않기로 합니다.
- 깨끗한 수질을 위해 쌀 씻은 물은 그대로 하수구에 흘려버리지 말고 화분이나 아파트 정원의 나무에 뿌려줍니다.
- 손을 씻거나 세수를 할 때는 작은 바가지에 물을 받아서 씁니다.

아름다운 삶의 방식

2

의衣

분소의(糞掃衣)

승가대학(스님들의 기본 교육을 담당하는 기관)에는 옷함이 있어서 내게 필요 없는 옷이 생기면 옷에 치수를 적어서 거기에 넣어둡니다. 그러면 옷이 필요한 학인 스님들이 옷함에 들어 있는 옷에 적힌 치수를 보고 몸에 맞는 옷을 골라 가져다 입습니다. 입지 않는 옷에 생명을 불어넣고 자원을 재사용하니 생태계에도 이로운 일입니다.

분소의는 똥 묻은 헝겊을 주워 모아 지은 옷이라는 뜻으로 스님들이 입는 '가사'를 이르는 말입니다. 스님들은 가사를 오래 입어서 너덜거려 더 이상 입을 수 없게 되면 잘라서 방을 닦는 용도로 쓰고 그래도 더 이상 쓸 수 없을 정도로 헐게 되면 진흙과 이겨 넣어서 벽을 바르는 데 썼다고 합니다. 옷은 몸을 보호하는 기능이면 충분합니다. 내 몸을 보호하기 위해 입는 옷이 그 밖의 다른 생명으로 만들어진다는 것은 이율배반적인 일이 아닐 수 없습니다.

분소의에 담긴 정신

패스트푸드처럼 빨리 생산되고 빨리 소비되는 패스트 패션 (fast fashion)이 자리 잡으면서 유행은 보름을 주기로 바뀐다고 합니다. 옷장이며 서랍장은 이미 옷들로 빼곡해 더 이상 들어갈 공간이 없는데도 계절이 바뀔 때면 늘 입을 옷이 없다고들 합니다. 그러다 보니 집 안을 차지하는 가장 큰 짐 보따리가 옷장이 된 게 아닌가 싶기도 합니다.

계속 끼고 있을 수가 없어 결국 안 입는 옷들을 정리해보면 어느 하나 떨어지거나 해진 옷이 없습니다. 두고두고 오래 입으려 제법 값을 치르고 샀는데 단지 유행이 지나서 더 이상 입을 수 없게 되면 좀 황당하기까지 합니다. 헌옷을 수집해 가는 곳이 있으니 어딘가로 가서 잘 활용이 되겠거니 하고 생각하고 계신가요?

버려진 옷들 가운데 재활용이 가능한 의류가 99%에 이를 만큼 거의 대부분의 옷들이 재활용이 가능합니다. 그럼에도 대부분은 재활용이 되기보다는 매립되거나 소각됩니다. 전 세계 매립지에 옷과 섬유가 차지하는 비율이 대략 4%쯤 됩니다. 매립지에서 옷감이 썩으며 나오는 온실가스며 유해 물질들은 다 어디로 갈까요? 옷감을 짜기 위해 면화며 양 떼를 기르느라 들어간 물이며 풀은 또 얼마나 많을까요? 합성섬유의 경우 생산 과정에서 나오는 온갖 오염 물질은 또 얼마나 많을까요?

환경 단체인 그린피스에 따르면 청바지 한 벌을 만드는 데 대략 7,000리터가량의 물이, 티셔츠 한 장에는 약 2,700리터의 물이 필요하다고 합니다. 물 7,000리터라는 양을 가늠하기는 어렵습니다. 환경부가 발표한 상수도 통계 조사 결과에 따르면 2016년 기준으로 우리나라 사람 한 명이 하루에 사용하는 수돗물 양이 평균 287리터입니다. 이 양을 4인 가족으로 계산하면 하루에 1,148리터로 대략 4인 가족이 일주일 정도 쓰는 물을 청바지 한 벌을 만드는 데 사용하는 셈이지요.

청바지를 만들면서 염색도 해야 하고 특히나 요새 청바지는 자연스레 보이도록 워싱(washing) 처리를 거쳐 상품으로 내놓기 때문에 이토록 물이 많이 쓰입니다. 워싱은 천을 찢고, 긁어내고, 달구고, 삶으면서 천이 낡은 듯 자연스러워 보이도록 만드는 공정을 이르는 말입니다. 청바지를 워싱 처리하려면 물만 많이 쓰이는 게 아니라 천을 낡아 보이게 만드느라 광물도 쓰이고 전기와 화학 약품 등도 많이 쓰이다 보니 자연스레 오염 물질이 많이 나올 수밖에 없습니다. 또 이런 작업은 모두 수작업

소비의 시대를 살면서 물건과 연결된 숱한 인연을 생각하지 않을 수 없습니다. 누군가의 희생, 확장하면 지구의 희생까지 포함된 지속 불가능한 희생을 치르고 이루어진 소비를 이제는 돌아봐야 할 때입니다.

으로 이뤄지는데 그러다 보니 그곳에서 일하는 노동자들이 입는 피해도 상당합니다.

———

옷이 쉽게 쓰레기가 되는 현실을 보면 그 옷을 생산하느라 쏟아부은 사람들의 노동과 자원에 대한 존중이 없다는 생각을 지울 수가 없습니다. 유행을 창출하느라 쉼 없이 옷을 만들어내면서 생태계를 오염시키고 팔리지 않은 옷들을 다시 태우거나 매립하면서 지구를 두 번 오염시키는 것이지요. 그러고도 또 계속해서 옷을 빠르게 만들어내다니요!

환경부에 따르면 국내에서 발생하는 의류 쓰레기는 2008

년 하루 162톤에서 2016년 하루 259톤으로 거의 60%가량 늘었습니다. 버려지는 옷이 연간 9만 톤 이상 나온다는 얘기지요. 석유화학제품인 폴리에스테르가 의류의 주요 소재인데 한 해 동안 폴리에스테르를 생산하는 데만 약 110억 리터의 석유가 들어갑니다. 그러니 석유화학제품을 태우거나 매립하는 동안 이산화탄소, 메탄을 포함한 온실가스가 지속적으로 발생할 수밖에 없습니다. 여름이면 기승을 부리는 폭염과도 떼려야 뗄 수 없는 관계가 있는 것이지요.

소비의 시대를 살면서 물건과 연결된 숱한 인연을 생각하지 않을 수 없습니다. 누군가의 희생, 확장하면 지구의 희생까지 포함된 지속 불가능한 희생을 치르고 이루어진 소비를 이제는 돌아봐야 할 때입니다. 스님들은 죽은 이를 덮었던 천이나 쓰다 버린 천 조각을 이어 붙여 옷을 지어 입었습니다. 이러한 옷을 분소의(糞掃衣)라고 불렀습니다. 스님들이 분소의를 걸치던 뜻은 결국 마음 안에 싹트는 탐심을 경계하고자 함에 다름 아닙니다. 그 뜻이 절실한 시대입니다.

아름다운 삶의 방식

● 그러면 어떤 대안이 있을까요?

- 옷장을 열어서 어떤 옷이 있는지 계절별로 분류해봅니다. 우리 나라는 사계절이 있어 옷가지도 다양할 수밖에 없습니다. 그러다 보니 잊고 안 입거나 못 입는 옷들도 꽤 많습니다.

- 계절별로 분류한 뒤 내가 입는 옷과 입지 않는 옷으로 나눕니다. 입지 않는 옷은 다른 사람들과 바꿔 입습니다. 잠자고 있는 옷들을 깨우는 것이지요.

- 옷이 꼭 필요할 때에는 새 제품보다는 '아름다운 가게' 등 옷을 되살리는 가게를 먼저 찾아 내가 필요한 옷이 있는지 확인합니다.

- 때때로 입다가 싫증나면 친구나 이웃과 옷을 바꿔 입기도 합니다.

소극적 불살생에서
적극적 불살생으로

다른 생명에 의지하지 않고 살아갈 수 있는 생명은 없습니다. 더구나 최상위 포식자인 우리 인간은 그 누구보다도 많은 생명들 덕분에 살고 있지요. 그러기에 피할 수 있다면 살생을 삼가야 하는 것이 마땅한 도리입니다. 그런데 우리 삶은 오히려 지속적으로 살생에 기여하고 있습니다.

물건이 흔한 세상에 살다 보니 그 재료가 무엇인지에 관해서는 사람들이 별로 관심을 갖지 않는 것 같습니다. 그렇다 보니 가죽으로 만든 물건에 대해 사람들이 느끼는 감정이 천이나 다른 소재와 각별히 다른 것 같지는 않습니다. 제품에 대한 판단 기준이나 선호하는 정도가 브랜드와 가격으로 매겨지기 때문이지요.

그러나 조금만 더 깊이 생각해보면 가죽은 얼마 전까지 따뜻한 피가 흐르던 생명의 살가죽이었습니다. 이것은 명백한 사실입니다. 오래전 과거에는 생존을 위해 사냥을 했고 먹고 남은 동물의 가죽이나 털을 몸을 보호하는 용도로 사용했습니다. 지금은 단지 내 욕망을 채우기 위한 제품을 만드느라 생명을

다른 생명에 의지하지 않고 살아갈 수 있는 생명은
없습니다. 더구나 최상위 포식자인 우리 인간은 그
누구보다도 많은 생명들 덕분에 살고 있지요.

죽입니다. 살아 있는 악어의 코를 잘라버립니다. 피를 철철 흘
리며 괴로워하는 악어의 척추에 메스를 들이대며 뾰족한 막대
기로 뇌를 찌릅니다. 뜻한 바대로 되지 않으면 악어의 목을 부
러뜨리기도 합니다. 여전히 악어는 살아 있는 채로 말이지요.

　값나가는 가죽을 쉽게 얻으려 벌이는 야만스럽기 이를 데 없
는 만행입니다. 이렇게 얻어진 가죽으로 만든 가방은 이른바 명
품의 반열에 올라 억대를 호가한다고 합니다. 유명 핸드백에
쓰이는 악어가죽을 제공하는 악어 사육장은 역겨운 냄새가 가
득 차 있고 악어들이 몸도 제대로 움직일 수 없을 만큼 비좁은
공간으로 되어 있습니다.

　누구의 상상에 기초한 이야기가 아니라 '동물의 권리를 보호
하기 위한 세계적인 동물보호단체(PETA)'가 실제 현장에서 몰
래 촬영해 폭로한 동영상에 나온 장면들입니다. 대체 악어가

　　　　　　　　　　　　　　　아름다운 삶의 방식

우리에게 어떤 몹쓸 짓을 했기에 우리가 악어에게 이런 짓을 하는 걸까요? 우리는 생명을 여느 물건을 만드는 재료 가운데 하나로 취급하기에 이르렀습니다.

———

불교에서 지켜야 할 다섯 가지 계율 가운데 첫째가 불살생입니다. 왜 불살생을 첫 번째 계율로 정했을까요? 누구나 생각할 수 있는 보편 윤리이기 때문이 아닐까요? 모든 생명은 죽음을 두려워하니까요. 그러고 보면 불교는 진정 생명의 종교, 생태의 종교라 할 만합니다. 보편 윤리의 관점에서 모든 생명에 대한 자비심을 가장 우위에 두고 있기 때문입니다. 그러기에 우리가 생활 속에서 생명과 관련된 것들에 더욱 각별한 주의를 기울여야 하는 것입니다.

특히 가죽으로 된 제품을 돈을 들여 사는 것은 꼭 다시 한 번 생각해보아야 합니다. 수요가 있는 한 생명들은 고통 속에서 헤어날 길이 없기 때문입니다. 밍크코트 하나를 만들기 위해 희생되는 밍크의 수는 55마리입니다. 친칠라(안데스산맥에 사는 친칠라과의 작은 짐승) 털 코트 한 벌에 100마리, 토끼 털 코트 한 벌에 30마리, 너구리 털로 만든 코트 한 벌에 27마리의 동물이 희생됩니다. 이 작고 귀한 생명들이 고작 우리의 허영과 과시를 위해 목숨을 내놓아야 할까요?

요즘은 난방이 워낙 잘돼 있어서 어디를 가도 추위를 느낄 겨를이 없습니다. 우리 몸을 모피로 휘감는 것은 순전히 부와 신분을 과시하고 허영심을 부추기기 위한 행위일 뿐입니다.

● 그러면 어떤 대안이 있을까요?

- 모피로 된 제품을 구매하지 않습니다. 주변 사람들에게도 분명히 선언합니다. 선언을 통해 자신의 실천을 다질 수 있고 주변 사람들의 동참도 이끌어낼 수 있습니다.
- 가죽으로 된 옷이나 가방 등을 구매하지 않습니다.
- 동물원에서 갇힌 동물들을 구경하거나 동물 쇼를 관람하지 않습니다. 동물들이 자신들이 살던 곳에서 자유롭게 살 수 있도록 동물원과 동물 쇼에 반대해야 합니다.
- 동물 복지에 관심을 갖고 활동에 참여합니다. 사람과 마찬가지로 동물 역시 태어남과 동시에 존엄성을 부여 받아야 합니다. 그러므로 동물이 인간에게 즐거움을 주기 위해 모진 훈련을 받는 일은 매우 부당하다 할 수 있습니다. 직접 참여하는 활동이 어렵다면 관련 단체에 후원하는 일도 똑같은 공덕이 됩니다.

아름다운 삶의 방식

3

주住

집은 생명들이 몸과 마음을 내려놓고 쉬는 곳입니다. 하루의 피곤을 내려놓고 위로 받을 수 있기 때문입니다. 집이 환경과 연결될 수 있는 접점에 에너지가 있습니다. 냉난방을 하는 에너지를 어떻게 사용하느냐에 따라 집은 환경에 큰 부담이 될 수도, 아닐 수도 있으니까요. 특히나 여름과 겨울을 지내는 지혜는 이 시대에 매우 중요합니다. 기후변화와 직결되는 문제이니까요. 지금보다 조금은 덜 시원한 여름, 조금 덜 따뜻한 겨울을 지낼 수 있다면 보다 많은 이들이 기후로 인해 받는 피해에서 벗어날 수 있다는 자각이 절실합니다.

가족의 평화와 안녕을 위한 공간인 집을 만드느라 다른 생명의 목숨을 빼앗는 일은 옳지 않습니다. 율장에서 부처님은 벌레가 있는 진흙을 이기고 나무와 쇠똥을 태워 붉은빛을 띤 기와집을 짓지 말라 하셨습니다. 그 안에 깃들어 사는 중생들의 생명까지 살피라는 가르침에 다름 아닙니다.

기후변화와
소비의 관계

종교 지도자 가운데 달라이 라마 존자와 프란치스코 교황은 기회 있을 때마다 기후변화의 심각성을 언급합니다. 기후변화는 한두 나라의 문제가 아니라 전 인류의 문제이기 때문입니다. 잘사는 나라 사람들이 원인 제공을 하지만 그로 인해 가난한 나라 사람들이 가장 많은 피해를 봅니다. 아프리카, 동남아시아 등 가난한 사람들이 사는 곳이 대부분 기후변화에 취약한 지역이며 기후변화에 적응할 기반 시설이 없어 태풍, 가뭄 등 피해에 속수무책으로 당할 수밖에 없기 때문입니다. 하지만 기후변화의 책임은 그것이 과학적이든 윤리적이든 결국 풍족한 소비를 한 이들에게 있습니다.

2016년 7월, 티베트고원 서부의 아루 빙하가 두 차례 붕괴했습니다. 첫 번째로 쏟아져 내린 빙하의 규모는 대략 6,000만 제곱미터로 올림픽 규격 수영장 2만 5,000개에 해당하는 양입니다. 2002년에 발생한 카프카스산맥의 콜카 빙하 붕괴에 이어 두 번째로 큰 규모이지요. 빠르게 녹고 있는 티베트고원 남부나 동부와 달리 서부의 빙하는 비교적 안정적인 것으로 알려져 있어 더욱 충격을 주었습니다. 인공위성이 찍은 사진을 보니 아루 빙하는 두 번의 붕괴로 빙하가 거의 사라져버렸습니다. 빙하 붕괴의 원인으로 과학자들은 용해수를 지목했습니다. 엄청난 양의 빙하가 통째로 미끄러지듯 떨어져 나가려면 윤활유 역할을 하는 뭔가가 필요한데 눈과 얼음이 녹은 용해수가 그 역할을 한 것으로 과학자들은 보고 있습니다.

기후변화로 인해 티베트의 기온은 빠른 속도로 올라가고 있습니다. 티베트의 기온은 10년 동안 0.4도의 속도로 상승하고 있는데, 이것은 지구 평균의 두 배입니다. 티베트 아루 빙하의 첫 번째 붕괴로 목동 아홉 명과 수백 마리 야크와 양이 목숨을 잃었습니다.

더 큰 피해는 티베트고원을 비롯한 히말라야 빙하를 발원으로 하는 양쯔강, 메콩강, 인더스강 등으로 흘러드는 물의 양이 그만큼 줄어드는 일에서 비롯합니다. 그 물에 의지해 살아가는 인구가 20억가량 됩니다. 서서히 흘러내리며 식수와 농업용수 등으로 쓰여야 할 빙하가 한꺼번에 쏟아지고 나면 물이 부족해질 것은 뻔한 이치입니다.

해마다 역사상 가장 '뜨거운 여름'의 기록을 갈아치우며 지구 평균 기온이 꾸준히 증가하고 있습니다. 지구 기온이 올라간다는 것은 비단 날씨가 뜨거워지는 것만을 의미하지 않습니

아름다운 삶의 방식

다. 태풍은 점점 더 빈번해지고 거세질 것이고 가뭄과 홍수가 반복될 것입니다. 실제로 몇 년째 겨울 가뭄이 봄 가뭄으로 이어지고 있기도 합니다.

비와 바람은 농업에 가장 많은 영향을 줍니다. 먹고 숨 쉬는 것은 생명 활동의 기본입니다. 그런데 기후변화로 이런 일차적인 생명 활동에 제동이 걸리고 있습니다. 폭염으로 농산물 값이 치솟는 것도 기후변화의 결과라 할 수 있으니까요. 기후변화를 완화시켜야 한다는 목소리가 높지만 구체적으로 어떤 방법을 취해야 할지에 대해서는 의견이 분분합니다. 또 구체적인 실천 방법이 있어도 불편하다는 이유로 외면당하는 것이 현실입니다.

———

티베트고원의 빙하가 이렇듯 한꺼번에 녹아 쏟아져 내리는 일은 우리들의 풍요로운 소비와 관련이 깊습니다. 특히 필요에 의한 소비가 아닌 소비를 위한 소비와 매우 밀접한 관계에 있습니다. "모든 불교는 삶에 참여한다"는 참여불교 운동을 주창하고 인류의 영적 스승으로 불리는 틱낫한(Thich Nhat Hanh, 釋一行, 1926~) 스님은 이런 말씀을 하셨습니다.

티베트고원의 빙하가 이렇듯 한꺼번에 녹아 쏟아져 내리는 일은 우리들의 풍요로운 소비와 관련이 깊습니다. 특히 필요에 의한 소비가 아닌 소비를 위한 소비와 매우 밀접한 관계에 있습니다.

수 세기 동안 개인주의와 경쟁이 엄청난 파괴와 소외를 불러왔습니다. 우리들은 길을 잃었고, 소외되었으며 외롭습니다. 열심히 일하고 너무나 바쁘게 살고 있습니다. 소비라는 소용돌이에 휘말려 나 자신을 잃은 채 살아갑니다. 필요하지 않은 것들을 구매하고 소비하며 우리의 몸뿐만 아니라 지구에도 엄청난 스트레스를 주고 있습니다.

서서히 가열되는 냄비 속의 개구리는 제 몸이 뜨거워지는 것을 모른다고 하지요. 지구가 점점 뜨거워진다는 사실을 지구에 살면서 모르거나 애써 모른 척하는 우리는 개구리 신세와 전혀 다를 바가 없습니다. 지혜는 이미 있습니다. 전등을 끄는 만큼 생명의 빛이 밝아질 것이라는 이치를 '이미' 알고 있지 않으신가요?

아름다운 삶의 방식

● 그러면 어떤 대안이 있을까요?

● 나의 소비 패턴을 살펴봅니다. 꼭 필요한 소비인지 다시 한 번 생각해보고, 소비하지 않아도 되는 방법을 찾아봅니다.

● 사용하지 않는 가전제품의 플러그를 뽑아 대기 전력을 차단합니다.

● 백열등이나 형광등은 LED 전등으로 바꿉니다.

● 전자 제품을 새로 구입할 계획이 있다면 에너지효율 1등급으로 구매합니다. 그러나 새 제품을 사기 전에 수리할 수 있다면 수리해서 쓰는 것이 지구 생태계에 훨씬 이롭습니다.

● 겨울에는 18도, 여름에는 27도로 실내 적정 온도를 지킵니다.

● 여름에는 부채를, 겨울에는 내복을 생활화합니다.

소비 습관에 대한 성찰

●

　2018년 중국이 플라스틱 폐기물 수입을 금지하고 난 이후 쓰레기 대란을 겪은 것이 마치 엊그제 일처럼 여겨집니다. 하지만 물건의 비닐 포장도 여전하고 생수병을 액세서리처럼 휴대하고 다니는 이들을 어렵잖게 만나게 됩니다. 이런 풍경을 보노라면 과연 사람들의 의식 안에 이 지구가 하나뿐인 우리 집이라는 의식이 있는 것을까 하는 생각이 들곤 합니다.

　일회용품 사용에 조금도 거리낌 없는 모습을 보면 지구를 혹사시켜도 이주해 갈 행성 몇 개쯤은 가지고 있는 사람들처럼 비치기도 합니다. 그러나 최근 일회용 플라스틱 컵뿐 아니라 일회용 비닐봉지며 플라스틱 빨대 사용마저 금지하거나 친환경 재질로 대체하려는 분위기가 유럽을 중심으로 번지고 있습니다. 우리나라에서도 환경을 생각하는 사람과 상점 들이 이 대열에 동참하는 분위기가 생겨나는 추세입니다.

———

> 우리는 좀 더 큰 틀에서 지금의 소비 습관을 조망
> 할 필요가 있습니다. 세간의 삶이라는 것이 인과법
> 칙에서 한 치도 벗어날 수 없으니 오늘 누린 편리
> 함의 대가는 누군가가 치르게 마련입니다.

　우리는 좀 더 큰 틀에서 지금의 소비 습관을 조망할 필요가 있습니다. 세간의 삶이라는 것이 인과법칙에서 한 치도 벗어날 수 없으니 오늘 누린 편리함의 대가는 누군가가 치르게 마련입니다. 그 대가를 누가 그리고 어떻게 받을 것인가에 대해 진지하게 생각해본다면 과연 우리의 소비 습관을 이대로 지속할 수 있을까요?

　아주 잠깐 사용하기 위해 만들어진 빨대며 생수병 그리고 우산 비닐이야말로 있으면 쓰고 없으면 안 쓰는 물건, 즉 필요를 위한 물건입니다. 굳이 쓰지 않아도 상관없다면 안 쓰는 것이 맞지 않을까요? 소비에도 성찰이 필요한 시대입니다.

● 그러면 어떤 대안이 있을까요?

- 비가 오는 날에는 실내에 들어가기 전에 먼저 젖은 우산의 물기를 텁니다.
- 우산 살 때 딸려온 우산 집을 버리지 말고 우산 비닐 대신 사용합니다.
- 젖은 우산을 가방에 넣을 때는 우산 집에 든 우산을 손수건으로 감쌉니다. 이것으로도 충분합니다.
- 카페에서 음료를 주문할 때 머그잔에 담아 달라고 합니다. 빨대는 사용하지 않겠다는 말도 잊지 않고 합니다.
- 머그잔이 준비되지 않은 카페에서는 음료를 사지 않습니다.
- 집 안에서 잠자고 있는 텀블러가 있으면 여느 단체나 사찰에 기부합니다. 방생이나 순례 등을 갈 때 일회용 생수병 대신에 사용할 수 있도록 권합니다.

편리한 삶과
풍요의 대가

겨울이 시작되면 베이징의 공기가 탁해지며 미세먼지주의보가 발령되기 시작합니다. 그런데 비단 중국 탓만이 아닙니다. 미세먼지의 발생원을 한두 가지로 설명할 수는 없습니다. 그러나 대체로 자동차, 특히 경유 차량과 석탄화력발전소를 주 발생원으로 꼽습니다.

미세먼지 발생의 근본적 원인은 무엇일까요? 결국 소비의 문제입니다. 편리하고 풍족한 소비와 소비를 부추긴 과잉생산의 종착지에 미세먼지가 있는 것이지요. 과잉생산이라고 굳이 표현한 까닭은 지구가 오염원을 자정할 능력 이상의 오염 물질을 배출하기 때문입니다. 그 많은 물건을 생산하느라 공장이 돌아가면서 오염시킨 공기를 물건을 소비하는 사람들이 고스란히 마셔야 한다는 것을 생각하면 새삼 인간이 얼마나 무지한지 깨닫게 됩니다. 우리 삶을 편리하게 하는 데 일등 공신인 전기를 생산하느라 돌리는 발전소며 자동차에서 쏟아져 나온 오염 물질이 사람들의 호흡기를 타고 들어가는 셈이니까요.

편리한 삶의 대가는 상상 이상으로 치명적일 수 있습니다. 임

미세먼지 발생의 근본적 원인은 무엇일까요? 결국 소비의 문제입니다. 편리하고 풍족한 소비와 소비를 부추긴 과잉생산의 종착지에 미세먼지가 있는 것이지요.

시방편으로 미세먼지를 걸러주는 마스크가 불티나게 팔립니다. 그러나 그 마스크 역시 어느 공장에서 만듭니다. 지구 밖에서 우리 삶을 들여다보는 누군가가 있다고 상상해보면 이처럼 아둔한 생물이 또 있을까 하며 끌탕을 할지도 모르는 일입니다. 당장의 편리와 풍요를 좇느라 공기가 오염되는 이치를 미처 헤아리지 못한 어리석음이 미세먼지로 되돌아오고 있습니다.

———

환경부에서는 중국과 협력을 강화해서 미세먼지 저감 계획을 추진하겠다고 발표했습니다. 비단 중국만이 아니라 동북아시아 국가들이 연합한 '동북아청정대기파트너십'을 출범시켜 미세먼지를 줄이겠다는 약속도 했습니다. 그럴 수밖에 없는 것

아름다운 삶의 방식

이 내가 숨 쉬는 공기는 나와 내 이웃뿐 아니라 나라 사이에도 울타리를 칠 수 없이 지구 전체가 공유하는 공공재이기 때문입니다. 공공재이므로 공동의 노력이 절실합니다.

독일 프라이부르크나 프랑스의 스트라스부르 등 유럽에서는 자동차가 도심에 접근하는 것이 매우 어렵게 되어 있습니다. 대신에 도심 주변에 주차 시설을 많이 만들고 편리하게 대중교통을 이용할 수 있도록 만들었습니다. 제도를 마련하니 거기에 따를 수밖에 없고, 그로 인해 깨끗한 환경을 얻게 된 것이지요.

자동차를 세워둔 대가가 청정한 공기라면 한번 해볼 만하지 않을까요? 깨끗한 공기를 마시고 유지할 권리와 의무는 모두 우리에게 있습니다.

● 그러면 어떤 대안이 있을까요?

- 자가용 이용을 자제하고 되도록 대중교통을 이용합니다.
- 가까운 거리는 자전거를 이용합니다. 자전거는 깨끗한 공기에도 도움이 되지만 내 몸도 건강하게 해줍니다.
- 차량의 매연 장치를 점검해 매연이 나오지 않도록 합니다.
- 디젤 차량이라면 운행에 매우 신중할 필요가 있습니다. 디젤이 미세먼지 발생에 기여하는 정도가 너무 크기 때문입니다.

화학제품이 정말
위생에 도움이 될까

가족 건강을 챙기려던 가습기 살균제가 오히려 가족의 생명을 앗아간 참사는 생각할수록 너무나 안타까운 일입니다. 가습기 살균제 참사를 경험하면서 우리는 그동안 일상생활에서 별 생각 없이 쓰던 화학제품들에 대해 다시 생각해보게 됩니다.

우리는 언제부터인가 '깨끗하게, 향기롭게, 편리하게' 그리고 '위생적'으로 살아야 한다는 강박에 시달려온 게 아닌가 싶습니다. 화학제품 사용으로 깨끗하고 향기롭고 위생적으로 사는 것이 정말 가능한지에 대해서는 별다른 의심을 품지 않았던 것이지요. 특히 위생이라는 것은 자발적 욕구라기보다는 외부의 끊임없는 세뇌와 각인 덕분에 생겨났을 가능성이 큽니다.

사스(SARS), 신종 플루 그리고 메르스(MERS) 사태까지 세균의 공포는 지나칠 만큼 우리에게 무한 반복되고 있습니다. 비누로만 씻어도 위생에는 별 문제가 없었던 손 씻기가 언제부터인가 세정제를 쓰지 않으면 안 되는 것처럼 바뀌었습니다. 그러니 그 성분이 어떤 것인지도 모른 채 별 생각 없이 가족 건강을 위해 구입하게 되곤 합니다.

가습기 살균제 역시 사람들이 그러한 맥락에서 사용했을 것입니다. 사람에게 치명적이라는 보고서 내용을 무시한 채 제품을 출시한 기업의 윤리는 새삼 거론할 가치도 없습니다. 하지만 실제 우리는 왜 아무런 의심 없이 이러한 화학제품을 쉽게 쓰고 있는지는 근본적으로 생각해봐야 합니다. 과학적이라면 아무 의심 없이 무조건적으로 신뢰하는 것은 아닐까요?

한때 "빨래 끝~"이라는 광고 카피로 유명했던 한 기업의 세제는 검고 얼룩진 옷을 희게 빨아주는 것으로 인기가 높았습니다. 그런데 희게 빨아주고 난 그 물은 어디로 갈까요? 내 옷은 깨끗해졌을지 몰라도 강과 바다로 흘러 들어간 그 물이 더 많은 생물들에게 피해를 줄 수도 있습니다. 여기까지 생각이 미친다면 상황은 좀 달라지지 않을까요?

잡냄새와 악취를 다 잡아서 늘 향기로운 공간으로 만들어주는 방향제는 과연 우리 몸 안에 들어가서도 향기로운 존재일까요? 그렇게 향기를 내뿜는 성분은 대부분이 인공 향입니다. 분자 구조를 바꾸어 향을 내는 그 물질들이 우리 몸에 들어가서는 암을 일으킨다는 보도는 늘 있습니다. 그렇지만 사람들은 이러한 사실을 간과하거나 알아도 불쾌한 냄새가 나는 것보다 향기로운 것을 더 선호하는 경향이 있습니다.

특히 박테리아(세균을 말합니다)에 대해서는 그동안 오해가 참

질병을 일으키는 세균은 경계해야 하지만, 그 밖의 수많은 유익한 균과 눈에 보이지 않는 관계를 맺으며 우리는 존재하고 있는 것입니다.

많았습니다. 박테리아는 무조건 박멸해야 할 대상일까요? 아닙니다. 지구상에 가장 먼저 등장한 생물군이 바로 박테리아입니다. 그러니까 박테리아는 인간의 오랜 조상인 것이지요. 단세포 생물은 진화의 과정을 통해 다세포 생물 속으로 들어왔습니다. 우리 몸에 사는 세균, 바이러스, 곰팡이는 무려 100조 개가 넘습니다. 게다가 인체의 부위마다 서식하는 미생물의 종류도 다릅니다.

우리와 함께 진화를 거듭한 이러한 미생물이 없었다면 우리의 존재 또한 상상할 수 없습니다. 고등생물과 달리 박테리아는 산소가 없이도 물질대사를 하여 에너지를 만들 수 있습니다. 그 과정을 바로 발효라고 하지요. 박테리아가 만들어내는 발효를 통해 인류의 식탁이 얼마나 풍성해졌는지 아시는지요? 김치, 치즈, 요구르트 등이 다 이러한 박테리아들 덕분입니다.

질병을 일으키는 세균은 경계해야 하지만, 그 밖의 수많은 유익한 균과 눈에 보이지 않는 관계를 맺으며 우리는 존재하고 있는 것입니다.

옷이 좀 얼룩져도, 덜 하얘도, 더러 청국장 냄새가 집 안에 며칠씩 머물러도 그것이 마음에 와 걸리지 않는다면 인드라망의 이치를 확연히 깨치는 삶이 아닐까 싶습니다.

● 그러면 어떤 대안이 있을까요?

● 여러 천연 재료가 세제를 대신할 수 있습니다.

● 빨래를 하얗게 삶으려면 표백제 대신에 달걀껍질을 넣고 삶습니다.

● 린스 대신에 식초를 사용합니다.

● 베이킹소다는 수질을 개선시키는 착한 물질이며 찌든 때를 벗기는 데 효과가 좋습니다. 베이킹소다와 물을 2대1 비율로 섞어 사용하면 가스레인지, 싱크대, 냉장고, 눌어붙거나 탄 냄비를 깨끗이 할 수 있습니다. 또 물에 베이킹소다 세 숟가락 정도를 풀어 채소, 과일을 담갔다가 흐르는 물에 헹구면 농약 잔여물을 제거할 수 있습니다.

아름다운 삶의 방식

- 구연산은 세균, 곰팡이, 미생물의 번식을 억제합니다. 베이킹소다와 구연산을 반반 섞어 싱크대나 욕실 배수구에 뿌리고 따뜻한 물을 한 컵 부어주면 깨끗하게 세척할 수 있습니다. 세탁물을 헹굴 때에는 섬유유연제 대신에 구연산을 넣으면 좋습니다. 이때 구연산은 온수에 녹여서 사용합니다.

- 과탄산소다는 형광증백제, 계면활성제가 첨가되지 않아 안전하며 락스 대신에 과즙이나 음식물 얼룩, 찌든 때를 없앨 때 사용합니다. 온수에 녹여 사용하는 것이 좋습니다. 행주나 가제 손수건을 삶을 때에는 물 5리터에 과탄산소다 15그램을 넣으면 소독 효과가 있습니다. 와이셔츠 소매나 목깃처럼 찌든 때는 과탄산소다와 따뜻한 물을 2대1 비율로 섞어 발라두었다가 빨면 깔끔해집니다.

④

기타

생명살림,
방생의 진정한 의미

●

걷기는 나 자신과 오롯하게 만나는 시간입니다. 내 안에 떠도는 생각을 정리할 수 있는 좋은 기회이기도 하지요. 걷다 보면 산만하던 마음들이 마치 잘 맞춘 퍼즐 조각처럼 꼭 알맞은 자리를 찾아 가지런히 정돈되는 것을 경험하게 됩니다. 끙끙거리기만 하고 도저히 해결책이 떠오르지 않던 일도 걷다 보면 의외로 쉽게 풀릴 때도 있습니다. 이럴 때는 조금 천천히 '느림'을 동무 삼아 걸어보는 것도 좋습니다.

그런데 우리가 걷느라 내디딘 발 밑에도 무수한 생명들의 삶이 이어지고 있다는 데 생각이 이르면 한 발 내딛는 일조차 조심스럽기만 합니다. 쏟아지던 비가 개고 난 뒤 풀숲으로 난 길을 걷다 보면 모처럼 나온 달팽이들을 많이 만나게 됩니다. 빨리 걸으면 결코 볼 수 없는 풍경입니다. 그 길로 바삐 오가는 사람들 발에 밟혀 형체조차 알아볼 수 없을 만큼 뭉개진 달팽이 잔해물도 종종 눈에 띕니다. 사람이 다니는 길과 달팽이가 움직이는 공간이 어쩌다 겹치면서 일어난 일입니다. 이것도 일종의 로드 킬인 것이지요.

야생동물 교통사고라 불리는 로드 킬을 당하는 동물의 수가 우리나라에서만 한 해에 100만 마리에 이릅니다. 로드 킬의 피해는 앞서 언급한 달팽이를 비롯해 땅 위를 다니는 동물들뿐 아니라 낮게 날아가던 새들이 높은 속도로 달리는 차 기류에 휘말리는 경우도 해당됩니다.

기류에 휘말린다는 것은 일상에서도 경험이 가능합니다. 신호 대기로 정차하고 있을 때 그 옆으로 차가 쌩쌩 달리면 순간 정차하고 있는 차가 휘청거리는 것을 느낄 수 있습니다. 그 정도의 위력이니 하늘을 나는 가벼운 새들은 그 기류를 당해낼 재간이 없을 터이지요.

로드 킬을 당한 동물의 사체를 먹으려 도로로 뛰어드는 또 다른 짐승들로 인해서 로드 킬은 또 다른 로드 킬을 부르기도 합니다. 로드 킬은 사고를 일으킨 운전자에게도 두고두고 트라우마가 됩니다.

그런데 왜 동물들은 도로를 횡단하는 것일까요? 이 물음에 답하려면 먼저 도로가 있는 곳이 그전에는 어떤 곳이었는지를 상상할 필요가 있습니다. 처음부터 도로였던 곳은 지구상 어디에도 없습니다. 처음에는 모두 자연 상태였으나 숲과 나무를 밀어버리고 도시가 만들어지면서 자동차가 다닐 공간을 확보하기 위해 도로가 만들어졌고 앞으로도 이렇게 도시화는 점점 더 진행될 것입니다.

현재 우리나라의 도로 길이는 모두 합해서 10만 킬로미터가 넘습니다. 자연이었던 공간이 도로에 자리를 내주면서 자연은 계속 작은 크기로 조각이 납니다. 먹이를 구하거나 습성상 이리저리 돌아다녀야 하는 동물들에게 그러한 환경은 전혀 맞지 않습니다. 그러니 동물들이 갑자기 도로에 뛰어들어 로드 킬이 발생했다는 표현은 옳지 않습니다. 오히려 동물들이 자연 그대로 살던 터전에 사람들이 도로를 만들며 조각내버렸기 때문에 로드 킬이 발생했다는 표현이 더 타당합니다.

한 신문기사에서 파푸아뉴기니에 사는 어떤 남성이 동네 시장에서 팔던 바다거북을 사서 바다에 풀어주었다는 사연을 읽었습니다. 죽임을 당할 처지에 놓인 생명을 풀어줌으로써 살길을 터주는 방생은 단순히 살생을 하지 않는 것에서 한 발 더 나아간 적극적 선행이라 할 만합니다. 게다가 그는 거북을 풀어주면서 "자연으로 돌아가라"고 했답니다. 이 말이 주는 울림은 무척 큽니다. 물고기가 있던 본래 자리로 되돌리는 일에 어떤 조건도 붙이지 않은 그의 진심이 느껴집니다. 이것이야말로 진정한 방생인 셈입니다.

절집에서는 방생 법회를 많이들 떠납니다. 요사이에는 방생 법회를 '생명살림'이라 부르기도 합니다. 방생의 의미를 좀 더

스님들은 고리가 흔들리는 소리를 듣고 벌레나 짐
승들이 미리 피할 시간을 주기 위해 육환장을 짚고
다니고, 땅 위의 한 생명이라도 덜 밟히도록 하기
위해 성긴 짚신을 신고 다니셨다고 합니다.

쉽게 설명해주는 생명살림이라는 이름이 참 좋습니다. 정말 고
맙고 귀한 전통이 아닐 수 없습니다. 과거처럼 자연 생태계의
조화를 생각하지 않고 아무 물고기나 거북을 물에 풀어주는
방생 문화도 많이 바뀌고 있습니다. 상류에서 치어를 풀어주어
강 생태계가 균형을 잡는 데 도움이 되는 방생도 있고, 다친 새
를 치료하여 돌보다가 다시 야생으로 날려 보내는 방생도 있습
니다. 반가운 일입니다.

———

로드 킬의 대안으로 고리 달린 육환장(六環杖)을 들고 짚신
을 신고 걸어 다니셨던 스님들 모습을 생각해봅니다. 육환장은
예전 스님들이 짚고 다니셨던, 고리가 여섯 개 달린 지팡이를

말합니다. 스님들은 고리가 흔들리는 소리를 듣고 벌레나 짐승들이 미리 피할 시간을 주기 위해 육환장을 짚고 다니고, 땅 위의 한 생명이라도 덜 밟히도록 하기 위해 성긴 짚신을 신고 다니셨다고 합니다. 그 뜻이 얼마나 귀한가요.

발밑을 살펴 걷는 것은 불살생과 방생을 두루 실천하는 수행의 시간이기도 합니다. 방생은 단순히 생명을 놓아주는 것이 아니라 본래 자리로 돌려보내는 일입니다. 생명은 기적입니다. 그 기적을 이어가는 일에 방생이 함께합니다.

● 그러면 어떤 대안이 있을까요?

● 외로움을 나눌 반려견이 정말 필요하면 유기견을 입양해보세요. 유기견 보호소로 들어온 개들은 일주일 동안 보호되다 입양이 이루어지지 않을 경우 안락사를 당합니다. 넘쳐나는 유기견을 다 돌볼 시설도, 예산도 턱없이 부족하기 때문입니다. 안락사 위기에 놓인 유기견을 입양하는 것이야말로 이 시대에 실천할 또 하나의 방생입니다.

- 추운 겨울, 거리에서 만나는 길고양이들에게 추위를 피할 거처를 마련해주고 먹이를 주는 일도 훌륭한 방생입니다. 겨우내 먹을 것이 궁한 새들을 위해 모이를 주는 일도 마찬가지입니다.

- 로드 킬로 부상을 당한 동물을 치료하는 야생동물 치료 기관에 후원을 하는 것도 방생과 한가지입니다. 본래 그들의 공간에 우리가 들어와 자리를 잡은 만큼 어쩌면 이런 일들은 우리의 의무라 해도 지나치지 않을 듯싶습니다.

- 산길이나 숲 가까이 놓인 도로를 다닐 때는 되도록 저속주행을 합니다. 갑자기 튀어나올지도 모르는 동물들의 사고를 미연에 방지하고 새들이 고속 차량의 기류에 휘말리는 것을 막을 수 있기 때문입니다. 또 시야가 어두운 야간에는 운행하지 않도록 합니다. 동물의 출현을 살피기가 어렵기 때문입니다.

- 길을 가다 로드 킬을 당한 동물을 만나면 잘 수습해줍니다. 동물의 사체를 먹으러 오다 다른 동물들이 2차, 3차 로드 킬을 당할 수도 있기 때문입니다. 사정상 자신이 직접 하기 어려우면 도로공사 측에 연락해 사체를 치우도록 합니다.

- 자동차보다는 자연과 함께 호흡하고 걷는 삶에 익숙해지도록 노력합니다.

아름다운 삶의 방식

아무것도 사지 않는 날

연말이면 백화점이며 쇼핑센터 외벽이 연말 분위기를 내는 장식으로 치장됩니다. 길을 가다 가게 점원이 밖으로 나와 호객을 하며 들고 있던 "블랙 프라이데이"라고 적힌 손 팻말을 본 적이 있으신지요? 쇼핑업계를 중심으로 이 말은 몇 년 사이 우리 사회에 빠르게 퍼졌습니다. 그러니 이제 영어로 쓰인 팻말까지 등장하는 것은 아닐까 하는 생각도 해봅니다.

블랙 프라이데이는 연중 쇼핑이 가장 많이 이루어지는 시기여서 적자가 흑자로 바뀌는 때라는 의미를 담고 있습니다. 서양에서 시작된 이 말은 11월 추수감사제를 시작으로 크리스마스 시즌까지를 의미하는데, 연중 최대 매출을 올릴 수 있는 기회입니다. 한 해를 보내는 연말 분위기에 편승해 기업들이 소비를 부추겨 매출을 올리려 안간힘을 쓰는 시기이기도 하고요. 소비 사회에서 의당 나왔음 직한 판매 전략입니다.

하지만 소비가 언제까지고 가능할 것이라는 데 회의적인 생각을 하는 사람들이 나타나기 시작했습니다. 그리고 그들 사이에 '아무것도 사지 않는 날'이 자연스레 형성되었습니다. 아무

것도 사지 않는 날은 정해진 날짜가 따로 있는 것은 아니고 추수감사제가 끝날 즈음인 11월 마지막 주쯤에 들어 있습니다. 그러던 것이 어느 해부터인가 한 환경 단체에서 이날을 11월 26일로 정해 퍼뜨리기 시작했습니다. 하지만 여전히 많은 사람들은 이런 날이 있는 줄 모릅니다.

아무것도 사지 않는 날이라는 게 과연 가능할까요. 집 밖을 나가는 순간 우리는 끼니를 해결해야 하고 누군가를 만나야 하며 카페에 들어가 차를 마시게 됩니다.

잠깐 뜬금없지만 옛이야기를 살펴볼까요. 전래 동화 〈선녀와 나무꾼〉에 나오는 나무꾼도 나무를 하러 나서면서 도시락을 챙겨 갔습니다. 누구든 길을 떠나기 위해 뭔가 끼니가 될 만한 것을 챙겨 봇짐 속에 넣어 가는 일은 당연했습니다. 동서양 고금을 막론하고 이런 삶이 꽤 오랜 시간 있어왔습니다.

그러다 물건이 흔해지고 언제 어디서든 돈만 있으면 모든 것이 해결되면서 뭔가를 챙겨 길을 떠나는 일이 적어졌습니다. 돈이 모든 물건을 대신하는 준비물이 되었습니다. 이와 같은 삶을 인류가 누리기 시작한 지는 인류 역사 전체로 놓고 보면 정말로 짧은 시간입니다.

그 짧은 시간 동안 우리가 길들여진 것은 바로 편리함입니다. 길들여진다는 것은 무엇을 뜻할까요? 내가 주체가 되어 판단하는 것이 아니라 해오던 습관에 그대로 나를 맡겨버린다는 뜻이 아닐까요? 편리함에 길들여진다는 것이 이제는 단순히 습관에 맡기는 정도를 넘어서 그 편리함을 추구의 대상으로 생각하게 된 것이지요.

———

 길들여진 것에서 조금이라도 벗어나면 괴롭고 불안하게 마련입니다. 그러니 길들여진다는 것은 결국 괴로움의 출발점이기도 한 것 같습니다.
 편리하고 풍족한 것이 언제까지고 가능하지 않다는 것은 애써 외면하려 해도 우리가 마주한 현실입니다. 익은 것은 설게 하고 설은 것은 익게 하라는 옛 스님의 말씀이 있습니다. 그러니 길들여지고 익숙한 것들과 이별하고 낯설고 좀 더 번거롭지만 지속 가능한 쪽으로 방향을 선회해보는 것은 어떨까요?

● 그러면 어떤 대안이 있을까요?

- 광고에 노출되는 기회를 되도록 줄입니다. 상품 광고를 보다 보면 어느새 광고하는 물건의 필요를 만들게 되고 물건을 구매할 가능성이 높아지기 때문입니다.

- 온라인으로 쇼핑하는 습관을 버립니다. 온라인 쇼핑은 물건이 필요하다고 느낀 순간부터 구입하는 데까지 걸리는 시간이 짧아 구매를 자극할 가능성이 높습니다.

- 물건을 구매하기에 앞서 '정말' 필요한지를 적어도 3번 이상 스스로 물어봅니다. 이 과정을 통해 필요를 애써 만들었던 당위가 사라지고 좀 더 심사숙고하는 기회를 갖게 됩니다.

- 물건을 구매하기에 앞서 이 물건이 어디서 왔고, 누가 만들었는지 그리고 사용 후 버려졌을 때 지구에는 어떤 영향을 미칠지 '물건의 오관게(五觀偈)'를 생각합니다.

사성제에서
시대의 지혜를 보다

●

　심리학자 지그문트 프로이트(Sigmund Freud, 1856~1939)는 화
가 난 사람이 돌을 던지는 대신 최초로 한마디 말을 내뱉던 그
순간 문명이 시작됐다고 했습니다. 오늘 우리가 살고 있는 세상
을 문명이 매우 발전한 사회라고 합니다. 문명이 발전했다는 것
은 어떤 의미일까요? 먼저 문명이란 무엇인지에 대한 정의부터
살펴봐야 할 것 같습니다.

　흔히 문화와 문명을 혼용해서 쓰기도 합니다. 좀 더 세밀하
게 구분하면 대체로 문화는 종교, 학문, 예술, 도덕 등 정신적인
움직임을 가리키고, 문명은 보다 더 실용적인 생산이나 공업,
과학, 기술과 같은 물질적인 방면의 움직임을 가리킨다고 정리
할 수 있습니다. 그런 점에서 오늘날 고도로 발달한 과학기술
에 의해 이룩된 것을 문명이라고 이해할 수 있습니다. 따라서
문명이 발전한 사회란 과학기술이 발전한 사회라 해도 무방하
겠지요.

　발전이라는 낱말이 부상한 계기는 미국 대통령 해리 트루먼
(Harry S. Truman, 1884~1972)의 취임식에서였습니다. 제2차 세

계대전이 끝나고 미국에서는 프랭클린 D. 루스벨트(Franklin Delano Roosevelt, 1882~1945)의 뒤를 이어 해리 트루먼이 대통령에 취임합니다. 1949년 1월, 취임 연설에서 트루먼은 미국의 새로운 정책을 이야기합니다. 그가 말하는 새로운 정책이란 미개발 나라들에 대해 기술적·경제적 원조를 시행하고 투자를 하여 발전시킨다는 것이었습니다.

미개발 그리고 발전(development), 이 두 낱말에 새 생명이 불어넣어졌습니다. 미개발은 그전에는 아예 쓰이지 않던 말이었습니다. 발전은 트루먼이 연설 과정에서 의미를 바꿔버렸습니다. 트루먼의 연설이 갖는 의미는 몇 가지가 있으나 가장 중요한 것은 미개발 혹은 미개한 나라의 정의였습니다. 유럽과 미국을 중심에 두고 세계를 재편한 것이지요. 유럽 몇 나라와 미국만이 선진적인 곳이며 나머지는 모두 미개하다는 의미입니다.

사실 황허 문명이나 이집트, 메소포타미아, 인더스 그리고 남아메리카의 마야, 아스텍 문명에 이르기까지 인류는 얼마나 찬란한 문명과 문화를 꽃피웠던가요? 그런데 그 모든 문명을 다 서양 아래에 두었습니다. 재미있는 것은 소비가 속도를 내면서 증가하기 시작한 시점이 바로 이 무렵부터라는 것입니다. 이때부터 화석연료에서 배출되는 탄소, 채굴하는 광물의 양 그리고 결정적으로 지구의 온도까지 모든 것이 1950년을 기점으로 가

아름다운 삶의 방식

파르게 상승하기 시작합니다.

발전이란 무엇일까요? 사전적 의미에서 발전은 "더 낫고 좋은 상태나 더 높은 단계로 나아가는" 것을 가리킵니다. 그렇다면 과연 발전이 우리가 사는 세상을 더 낫고 좋은 상태 또는 더 높은 단계로 나아가게 하는지 의심해볼 필요가 있습니다. 신자유주의, 세계화는 오늘날 새로운 현상이 아닙니다. 식민지주의나 제국주의도 일종의 세계화라고 볼 수 있습니다. 미개발국가를 발전시키겠다는 것 또한 이런 패러다임의 연장선상에 있는 것이지요.

20세기 중반에 접어들면서 경제 발전이 트루먼의 연설을 통해 주류 이데올로기로 자리를 잡게 됩니다. 경제 발전은 물질적으로 풍요로움을 선물했습니다. 그런데 한정된 지구라는 환경에 살면서 인구가 기하급수적으로 늘어난다면 모두가 굶주림으로부터 해방되고 풍요롭게 산다는 일은 사실상 불가능합니다.

100여 년의 기간 동안 산업이 발달하고 과학기술이 눈부시게 성장할 수 있었던 배경에는 몇 가지 요인이 있습니다. 그동안 화석연료가 뒷받침해주었고 지구는 어떤 착취나 어떤 폐기물도 다 받아들이고 허용해주었던 것이지요.

그런데 이제 이 두 가지 모두가 한계에 다다랐습니다. 그 한계의 총합이 산림 파괴, 기후변화와 생물다양성 감소, 쓰레기

물질의 풍요로움에 탐착하는 마음을 들여다보면
욕망이 자리해 있습니다. 욕망은 두려움에 뿌리를
둡니다. 경쟁에서 남보다 뒤질까, 남보다 덜 가질까
하는 바로 그 두려움이 모두가 인과의 그물 속에
연결돼 있음을 망각하게 하는 것은 아닐까요.

라는 이름을 달고 우리 앞에 다가왔습니다. 기후변화는 그간
의 화석연료를 사용한 대가이며 풍요로움의 대가입니다.

세계자연기금(WWF)의 보고서에 따르면 지난 40년 동안 전
세계 척추동물의 개체 수가 60% 감소했습니다. 지구 역사에는
지금까지 다섯 번의 대멸종이 있었습니다. 대멸종이란 지구상
에 존재하는 생물종이 70% 이상 사라졌을 때를 일컫습니다.
앞서 다섯 번의 대멸종은 대기 성분 변화나 운석, 화산 분출
등 자연적 원인에 의한 것이었습니다.

그러나 산업 혁명 이후, 좀 더 좁혀서는 제2차 세계대전 이후
인류는 지구 생태계를 맘껏 유린한 결과 생물종이 급격히 감소
하는 지구 역사상 여섯 번째 대멸종의 위기에 처하게 된 것입
니다. 생물다양성이 감소한 데다 부의 축적마저 소수 계층에서

아름다운 삶의 방식

이루어지며 극심한 불평등을 낳았습니다. 불평등은 분배의 문제와 매우 밀접한 관계가 있습니다.

이러한 현상을 돌아본다면 과연 우리 인류가 지금 발전하고 있는 것인지 강한 의문이 드는 것도 사실입니다. 우리가 꿈꿔 오던 발전 패러다임이 더 이상 유효하지 않다는 자각이 필요한 것입니다.

———

발전은 경쟁을 전제로 합니다. 지구라는 한정된 공간에서 이 많은 인구가 언제까지 경쟁할 수 있을까요? 경쟁의 끝에는 공멸이 기다릴 뿐입니다. 이제는 경쟁이 아닌 공존의 길을 모색해야 할 때가 아닐까요?

극심해지는 폭염도 강력한 태풍도, 가뭄도, 혹한도 모두가 발전이 가져다준 그림자라는 점을 간과해서는 안 됩니다. 부처님 가르침의 핵심은 무엇보다 사성제(四聖諦)에 있습니다. 우리의 괴로움을 확연히 자각하고 그 원인을 찾는다면 괴로움을 없앨 지혜도 동시에 찾을 수 있을 것이라 생각합니다.

이미 오랜 전통 속에 그 지혜가 담겨 있습니다. 물질의 풍요로움에 탐착하는 마음을 들여다보면 욕망이 자리해 있습니다.

욕망은 두려움에 뿌리를 둡니다. 경쟁에서 남보다 뒤질까, 남보다 덜 가질까 하는 바로 그 두려움이 모두가 인과의 그물 속에 연결돼 있음을 망각하게 하는 것은 아닐까요.

그 욕망을 성찰할 수 있는 지혜, 욕망의 불길을 끌 수 있는 지혜가 절실한 시대입니다. 이러한 지혜는 또한 연기적 세계관을 이해하는 데서 비롯될 것입니다.

● 그러면 어떤 대안이 있을까요?

- 사회 소외 계층에 관심을 갖고 자비심을 베풉니다.
- 난민, 기아 구호 등 생명을 살리는 일에 자비의 마음을 내어 적극 동참합니다.
- 발전, 성장의 패러다임에서 벗어나 공존, 상생의 길을 모색합니다.

아름다운 삶의 방식